猴 面 包 树

RITCHIE ROBERTSON

FRIEDRICH
NIETZSCHE 尼采传

[英] 里奇·罗伯逊 著　狄佳 译

中央编译出版社

致

多年来

选修我的课程《尼采及其影响》的

每一位

学生

Friedrich Nietzsche

在莱比锡读大学期间的尼采,1868—1869年。

尼采的父母：牧师卡尔·路德维希·尼采和弗兰齐斯卡·尼采（婚前姓氏厄勒）。

尼采在小镇瑙姆堡长大,这是该镇的大教堂(建于13世纪),约拍摄于1897年。

尼采曾经在寄宿制学校波福尔塔就读,这是该校的回廊。

1861年尼采在波福尔塔,由路易斯·黑尔德(Louis Held)拍摄。

卡尔·冯·格斯多夫、埃尔温·罗德和尼采,1871年。

穿着普鲁士军装的尼采,1868年。

1928年时的巴塞尔明信片,大学旧楼俯瞰莱茵河,背景是明斯特高塔。

雅各布·布克哈特,约1892年。

尼采与他的母亲，1870年。

弗朗茨·奥弗贝克,1876年。

理查德·瓦格纳和科西玛·瓦格纳(婚前姓氏李斯特),1872年,由弗里茨·卢克哈特(Fritz Luckhardt)拍摄。

大卫·施特劳斯,约1870年。

尼采,约1875年,由弗里德里希·赫尔曼·哈特曼(Friedrich Hermann Hartmann)拍摄。

锡尔斯玛利亚的尼采博物馆。

弗朗茨·冯·伦巴赫《马尔维达·冯·梅森布克》，1885年，粉彩。

意大利奥尔塔圣山山顶的小堂,尼采和露·冯·萨洛梅曾于1882年5月登过这座山。

尼采和保罗·雷拉着小车,露·冯·萨洛梅坐在车上,1882年夏天拍摄于卢塞恩的一家照相店。

尼采，1882年9月，由古斯塔夫·舒尔策（Gustav Schulze）拍摄。

席尔瓦普拉纳湖边的岩石，1881年8月，尼采曾在这里构思出了"永远回归"。

伊丽莎白·弗尔斯特-尼采,1894年。

眺望都灵，19世纪90年代。

位于魏玛希尔博布里克别墅一层的尼采半身像,尼采档案馆如今便设于此处。

汉斯·奥尔德（Hans Olde）拍摄的《生病的尼采》（*Der kranke Nietzsche*）系列照片，拍摄于1889年6月至8月间。

爱德华·蒙克(Edvard Munch)《弗里德里希·尼采》，1906年，布面油彩。

爱德华·蒙克《伊丽莎白·弗尔斯特-尼采》,1906年,布面油彩。

FRIEDRICH NIETZSCHE

1844.10.15 — 1900.8.25

目录

来自作者的说明 002
缩写对照表 006
引言 008
第1章 **语文学家** 018
第2章 **文化批评家** 058
第3章 **警句作者** 100
第4章 **先知** 144
第5章 **拿着锤子的哲学家** 192

注释 264
参考书目 280
致谢 286
图片出处 288

来自作者的说明

我在撰写本传记时，主要依据的是库尔特·保罗·扬茨 (Curt Paul Janz) 的严谨著作、出版于1978年的三卷本《尼采传》。罗纳德·海曼 (Ronald Hayman) 于1980年出版过一本相对短小的传记，该书也令我获益匪浅。此外，还有两本参考书同样价值无量：亨宁·奥特曼 (Henning Ottmann) 于2000年编写的《尼采手册》(Nietzsche-Handbuch)；保罗·毕晓普 (Paul Bishop) 于2012年编写的《弗雷德里希·尼采指南》(A Companion to Friedrich Nietzsche)——堪称宝库，信息确凿可靠，用语轻松易懂。近期出版的有关尼采的研究著作中，罗伯特·C.霍勒布 (Robert C. Holub) 写于2018年的《尼采在十九世纪》(Nietzsche in the Nineteenth Century) 对我帮助极大：围绕尼采藏书进行的详尽研究目前还不多见，该书就是其中之一。

在引用尼采著作及遗稿时，我使用了十五卷本《尼采全集考订研究版》(Kritische Studienausgabe, KSA)，这套书的编写基础是乔尔乔·科利 (Giorgio Colli) 和马齐诺·蒙蒂纳里 (Mazzino Montinari) 自1968年开始编辑、整理的鸿篇巨制《尼采全集》(Werke)。在引用尼采信件时，我使用了八卷本

《信件全集考订研究版》(Sämtliche Briefe: Kritische Studienausgabe, KSB)，该丛书同样由科利和蒙蒂纳里编辑整理。本书中，有关尼采著作的文献索引在括号中给出，例如：(《道》-3-27) 代表《道德的谱系》第三章第27节，(《善》-13) 代表《善恶的彼岸》第13节。

《瞧！这个人》这一本的标注较为烦琐，因为全书被分为若干小章节，章节标题有时是《我为什么这样有智慧》，有时则是尼采打算讨论的之前作品的书名。所以，在引用时我会标注为 (《瞧》-智慧-1)，或者 (《瞧》-查-2)，其中《查》是指该书中《查拉图斯特拉如是说》这一章。

《查拉图斯特拉如是说》这本书本身在引用时则使用了"书名加章节号"这样的方式，例如 (《查》-2-1)。该书现存大多数版本并没有标注章节号，读起来相当令人困惑，但格雷厄姆·帕克斯 (Graham Parkes) 的译本给出了章节号，此外还附有优秀导读、相关注释和索引，能够为研读提供有益的帮助。

本书中我引用了以下英译本：

《善恶的彼岸》：R.J.霍林戴尔（R. J. Hollingdale）译本，企鹅出版社1972年版。

《悲剧的诞生》：道格拉斯·史密斯（Douglas Smith）译本，牛津大学出版社2000年版。

《道德的谱系》：道格拉斯·史密斯译本，牛津大学出版社1996年版。

《查拉图斯特拉如是说》：格雷厄姆·帕克斯译本，牛津大学出版社2005年版。

《偶像的黄昏》和《敌基督者》：R.J.霍林戴尔译本，企鹅出版社1968年版。

《不合时宜的考察》：R.J.霍林戴尔译本，剑桥大学出版社1997年版。

除此以外，若无标注译者，则是由我本人翻译的。这一条同样适用于其他德、法作家作品的译文。若引用尼采遗稿，或有关文字尚无可用译本，则会标注KSA卷号及页码。

缩写对照表

对于尼采本人的著作,本书采用以下方式缩写:

《敌》　　《敌基督者》
《善》　　《善恶的彼岸》
《悲》　　《悲剧的诞生》
《瓦》　　《瓦格纳事件》
《朝》　　《朝霞》
《瞧》　　《瞧!这个人》
《道》　　《道德的谱系》
《快》　　《快乐的科学》
《人》　　《人性的,太人性的》
KSA　　《尼采全集考订研究版》
KSB　　《信件全集考订研究版》
《偶》　　《偶像的黄昏》
《考》　　《不合时宜的考察》
《杂》　　《杂乱无章的观点和箴言》,出自《人》下卷
《漫》　　《漫游者和他的影子》,出自《人》下卷
《查》　　《查拉图斯特拉如是说》
《教》　　《论我们教育机构的未来》,出自KSA第一卷

引言

1902年,威廉·巴特勒·叶芝(W. B. Yeats)提到自己正在读尼采,他还把尼采称为"那个强大的魔法师",说尼采的著作给自己带来了"难以形容、尖刻辛辣的快乐"[1]。自19世纪90年代起,许多读者都曾沉浸在尼采的作品里,而叶芝提及的这种矛盾心理,不少人多少都有些体会吧。除叶芝之外,大卫·赫伯特·劳伦斯(D. H. Lawrence)、托马斯·曼(Thomas Mann)、罗伯特·穆齐尔(Robert Musil)、安德烈·纪德(André Gide)等多位现代主义文学巨匠都曾读过尼采,他们有时会盲目追随,但更多时候是既充满热情又持批判或保留态度[2]。不只是在文学界,尼采对普通读者的吸引力也相当大,很少有哲学家能够与之匹敌。可以说,他的思想对现代智识观的构建起到了决定性作用。不过,他的观点也曾为法西斯主义的精神世界提供了养料——当然,如果把尼采称为"第三帝国与大屠杀的传令官",恐怕就有失公允了,但他的著作中的确有许多段落(作为其思想的有机组成部分,无法与其他部分分离)在鼓励一种非人的态度。他在写作的时候恐怕根本没有想到这一点吧。在这本书中,我试着以公正的目光看待尼采,我不会去为他的著作消毒,不会去淡化其中令人震惊、应受谴责的部分。

无论过去还是现在，尼采作品之所以如此受欢迎，有许多原因。他的确是一位杰出的作家。他的文章尤其是《人性的，太人性的》(1878)之后的那些，总是会以一系列长警句的形式出现，语意高度浓缩，思路快速流动：他的论点会发展、转变、反转，所以读者既要逐字逐句细读，又要时常拿出来重读。尼采会使用夸张等修辞手法来彰显自己的风格，这种做法令他对世间的拷问愈加振聋发聩、掷地有声[3]。此外，最重要的是，尼采会使用反问句，会以"我们"为主语来让读者产生代入感。他尝试用这样的手法来培养"自由精神"，他也不断鼓励读者成为这样的人。

尼采的风格也有一些负面特点，《善恶的彼岸》(1886)之后的晚期著作中，尤其是在由简短笔记汇集而成的《偶像的黄昏》(1889)中这一点格外明显：他不仅变得爱争辩，同时也显出咄咄逼人的一面，用词尖锐，几近粗俗。《偶》的副标题"怎样用锤子从事哲学思考"略带恶意。其中某些段落与当今右翼报纸专栏的内容有相通之处，读者能够体会到故意作恶所带来的快感。尽管一些评注家常常会将注意力放在这些后期文字上，把它们视为尼采"成熟"时期的作品，但我建议读者最好还是去细读他那些"中期"文本,例如《人性的,太人性的》、《朝霞》(1881)、《快乐的科学》(1~4章)(1882)。与后期文本相比,这几本书中对心理学和道德的激进分析,尤其是与宗教相关的讨论往往更加细腻,当然也更有分寸。此外,他那篇散文诗《查拉图斯特拉如是说》(1883—1884)也绝妙无比,有时会被称为他的"哲学杰作"[4]。即使不把它视为哲学作品,它也一定是某种类型的不朽之作。

至于《权力意志》,那就没什么可称赞的了,这本书的继续流通可谓丑闻。它的出版并没有获得尼采的首肯,而是在尼采去世之后,他妹妹在多位编辑的帮助下对他的大量手稿笔记(遗稿)进行摘编而成的。由于尼采曾在生前已发表作品中宣布他正在写一本以《权力意志》为标题的巨著(《道》-3-27),因此编辑们假定他在19世纪80年代后期的笔记便是那本书的草稿,于是将那些笔记进行系统归纳,安排在四个章节之下。关于这个问题,最近有学者做了更加细致的研究。事实上,尽管尼采的确有过这样的计划,也考虑过多个标题、列出过多个目录,但他在1888年9月3日之前就已经放弃了[5]。由于那些笔记都是尼采为自己使用而写的,并没有为出版进行过打磨,因此《权力意志》的文学价值远低于尼采生前已发表的其他作品。这本书的内容并不是编造的——它的确是尼采写的，但它是作为愤怒独白而出现的，与尼采生前已发表文本中与读者展开的对话完全不同。

不过，当我们尝试阐释尼采思想的时候，是否可以引用《权力意志》呢？尽管关于尼采的某些主流研究的确引用过该书[6]，但是我们可以从几个方面来说明这种做法的不合理之处。首先，乔尔乔·科利和马齐诺·蒙蒂纳里已经对遗稿进行了专业编辑，人们可以直接阅读。尼采遗稿相当迷人，从中我们可以找到尼采本人读过的书，有时还能澄清他生前已发表作品中的模糊之处。如果尼采的笔记与生前已发表文本的内容一致，那么人们就不需要去阅读这部分笔记了；但如果它们与尼采生前已发表文本的内容不一致，那么它们所表达的想法可能只是尼采的某种尝试，也可能是之后被尼采否定的内容，或者尼采出于某种原因而不愿意发表它们。

其次，《权力意志》会让读者对尼采产生误解，让人误以为他是一位善于逐步推导的哲学家。在尼采的著作中，只有《悲剧的诞生》《道德的谱系》《敌基督者》采用了完整的逐步推导方法，而且就算是在这几本书中也能找到许多插叙、插议，尼采的思考也是连续的、密集的。他的许多想法都是在外出散步时或因病卧床期间产生的。他会尽可能地把它们速记下来，等到病情好转的时候，他会把它们以警句形式写出来，每一段很少会超过三页，有时会依据松散的主题把有关内容放在一起。他的思想由一系列精彩观点组成，但他却无法将这些观点和谐统一（写作时，他通常不会把之前的著作放在手边）。因此，尽管他的思想本身从广义上讲具有连贯性和连续性，但也会出现相当明显（以及不太明显）的矛盾之处：生命是权力意志（《善》-13），但意志这东西是不存在的（《朝》-124）；生命应当意味着克服自我（《查》-2-12），但自我本身却是一种幻象（《善》-54）；没有什么是真的（《道》-3-24），但人应当为真理服务（《敌》-50）并排斥谎言，尤其是牧师的谎言（《敌》-58）。

没必要为尼采著作中这许多矛盾之处寻找折中点，他思想的大体脉络足够清晰。如果想要从尼采文本的字里行间读出一个单一的、统一的哲学体系，那么这样的努力恐怕会一无所获。如果这样做，也就忽视了尼采的多次警告：不要试图寻找隐藏在现象背后的形而上的"真实世界"（参见《偶》："真实世界"最终如何变成了传说故事）。读尼采的时候，你读到的就是你得到的。此外，尼采在阐释自己想法的时候，经常会明确将其表述为假设或猜测，他的警句常以"假如……"或"假定……"开始。与其说他是在宣扬一种教义，不如说他是在鼓励读者去独立思考。

最重要的一点在于，尼采的风格是无法模仿的，如果把他的思想完全翻译成清醒的、单调的学术哲学语言，那就是在给阅读尼采制造障碍，甚至可能会让他的文字变得更加难以理解。分析派哲学家们很少承认这个问题，也许是因为他们非常依赖译文(至少在教学中是这样的)[7]。当然，模仿尼采风格是不可取的，不过如果某人在诠释文本时严肃地告诉我们说，"尼采继续写道，对规范性客观主义的肯定与对描述性客观主义的否认共同导致虚无主义"，那么就出问题了[8]，文本与诠释之间已经离得太远了。

既然尼采文本中蕴含着如此丰富的思想，那么以他为主题的讨论中存在如此大的差异也就不足为奇了。马丁·海德格尔(Martin Heidegger)甚至认为，尼采生前已发表的那些文本只不过是他思想的"起点"，他真正的思想都包含在《权力意志》这本书里。第二次世界大战后，沃尔特·考夫曼(Walter Kaufmann)率先尝试将尼采与纳粹思想相分离[9]。考夫曼认为，尼采的核心关注点是文化与个体。考夫曼的这种看法很有吸引力，也很有说服力，不过，这种看法仍然是片面的。还有另一种给尼采"消毒"的方式，即把他从历史中剥离出来，认为他的关注点在于语言、虚象以及真理之不可得：这位"新尼采"在很大程度上是由法国人创造出来的[10]。在英语世界中，从分析派哲学体系中成长起来的哲学家们也开始对尼采产生兴趣，正在以审慎哲学思辨的标准来评估他的著作[11]。

不过，在讨论尼采的时候，我们还是应当把他放回历史中[12]。近期一些研究对尼采的阅读内容进行了考察，使用了他在遗稿中的笔记和索引以及他的私人藏书——此前，这些资料都保存在位于魏玛的尼采档案馆中，在德意志民主共和国消亡之前，西方学者通常无法接触到这些资料。尼采的阅读量极大，而且会在书中写下详细批注[13]，其中很多书都以自然科学为主题。尽管战后那些评注家通常会重点强调尼采在文化与人本主义层面上的价值，但是如今也必须承认，在尼采眼中，人本主义和自然科学之间并不存在任何对立，两者都属于科学 (Wissenschaft)，而尼采本人也涉猎广泛，会去阅读生物学、生理学、物理学和热力学内容[14]。尽管尼采经常对科学家的主张提出异议，但他相信，如果哲学想对世界说点有价值的东西，就必须跟上最新的科学知识。

在这本书中，我会遵循"批判型传记"丛书设定的目标，以传记为框架介绍尼采著作，还会谈及尼采的生活背景：19世纪。在任何时候，我都会严格引用尼采本人的实际话语，当然，这主要来自他生前已发表的文本，此外也有信件，适当的时候还会引用遗稿。在出版于1991年的《与尼采对话》(Conversations with Nietzsche)中，桑德·L.吉尔曼(Sander L. Gilman)收集了与尼采同时代的那些人对他的回忆，这些内容也对本书的编写助益良多。

就我个人而言，如果尼采说自己是在继承启蒙运动，那么我会选择相信他的话。尽管尼采说过许多互不相容的话，有时甚至会不合逻辑，但他的著作中有一条贯穿始终的线：对真理的求索。他多次承认，有关这个世界的真理是很难获得的，而且这真理往往会给人带来不快，很多时候最好还是不要去了解真理，满足于刺激感官的虚象就可以了。不过，他自己也多次提出，要以诚实正直 (redlichkeit) 的理想来指导自己的探索。为真理服务时，一个人恐怕必须放弃此前珍视的幻象："为真理服务是最难的。——在心智方面做一个正直的人，这到底是什么意思？意思是说，一个人要严格对待自己的内心，鄙视那些'美好的感觉'，凭良知去对待每一个'是'和'否'！"《敌》-50)。在这方面，尼采是伊曼努尔·康德 (Immanuel Kant) 的继承人：康德在著名论文《回答这个问题：什么是启蒙运动？》(Beantwortung der Frage: "Was ist Aufklärung?") 中说，启蒙运动的口号是"鼓起勇气，运用你自己的头脑。"[15] 在阅读尼采的过程中，我们经常会感受到一种召唤。这召唤让我们去独立思考，让我们去反驳自己，让我们站在与尼采彻底相反的立场上——但是，它也会让我们去坦诚面对自己，认清自己反对尼采的原因。

第1章 语文学家

这位执笔猛烈抨击基督教的作家是一位神职人员的儿子，他的生活原本也与其他神职人员的孩子并无二致。弗里德里希·威廉·尼采出生于1844年10月15日，与当时的普鲁士国王弗里德里希·威廉(腓特烈威廉四世)同一天生日，于是得名。他的父亲卡尔·路德维希·尼采(Karl Ludwig Nietzsche)是德国中部萨克森省勒肯村的信义宗牧师；他的母亲叫弗兰齐斯卡(Franziska, 1826—1897)，婚前姓氏为厄勒(Oehler)。除尼采之外，夫妇二人还育有另外两个孩子：伊丽莎白(Elisabeth, 1846—1935)和约瑟夫(Joseph)。1849年，约瑟夫在即将两岁时离开了人世。卡尔出生于1813年，他高大英俊，曾在公爵府主持宗教仪式，于是养成了庄重的气质与保守的观念。弗兰齐斯卡是个虔诚的人，在文化教育方面有所欠缺，但既务实又理智，家教告诉她要做一个忠诚的妻子、母亲。堂区牧师寓所里，除了这对夫妇之外，还住着卡尔的母亲埃德穆塔(Erdmuthe)，以及他那两个健康不佳、焦虑紧张的姐妹罗莎莉(Rosalie)和奥古丝塔(Auguste)。祖母埃德穆塔掌管家庭大权并控制财务。

1848年9月，卡尔患病，尼采一家的生活被彻底打乱了。卡尔经常头晕，周期性失语，患上了偏头痛，继而失明，最终于1849年7月30日去世。我们无法确定他到底得了什么病。当时的医生们用语含糊，说是"大脑软化"。现代医学认为,他可能患有脑出血、脑肿瘤或脑结核。1848年的革命可能也是卡尔病倒的原因之一:3月,普鲁士国王与柏林起义者进行了谈判,还在公开场合佩戴了象征着自由的帽章,在得知这件事的那一刻,卡尔泪流满面,之后禁止家人再去谈论它。无论如何,那个被称为"弗里茨"(Fritz)的小男孩只能看着他那温柔可亲的父亲慢慢倒下。

之后,全家不得不离开堂区牧师寓所,搬到附近的瑙姆堡。那是一个大约有15000人的小镇,仍保留着中世纪的街区、大教堂和城墙,每到晚上10点就会锁上城门。一家人搬进了这座小镇的一栋小房子里,埃德穆塔和她的两个女儿住在外间,弗兰齐斯卡和她的孩子们住在更加黑暗、拥挤的里间。起初,家人把弗里茨送到当地小学读书,期望他能接触其他社会阶层的男孩,但这计划却没能成功:弗里茨举止严苛,其他男孩把他视作怪人,还嘲笑他是"小牧师"。一年后,弗里茨和另外两个中产阶级男孩古斯塔夫·克鲁格(Gustav Krug)、威廉·平德(Wilhelm Pinder)一起被送入一所私立学校,在那里学习一段时间之后,又于1854年入读主教堂文法学校(Dom-Gymnasium)。此后许多年间,这三个男孩都保持着密友关系。

尼采的童年并不幸福。在他看来,关于父亲的那些记忆神圣不可侵犯。1884年,他曾对一位朋友谈起,"我父亲的卓越天性,使认识他的每一个人都觉得他是'天使',而不是'人类'"(1884年9月14日致奥弗贝克)。不拘一格的自传《瞧!这个人》写于1888年。书中,尼采曾说,听父亲布道的那些农民常会将他比作天使,有这样一个人当父亲真是天大的荣幸(《瞧》-智慧-3)。失去父亲的他无法从母亲那里得到足够的支持。弗兰齐斯卡·尼采的确拥有许多优秀品质,她对活下来的两个孩子尽心尽力,让他们吃上健康的饮食,摄入充足的水果和蔬菜,还会鼓励他们参加游泳和滑冰等活动。不过,她无法走入她那个天才儿子的精神世界。更糟糕的是,她似乎有些情绪冷淡的倾向。儿童不仅需要爱,还需要感受到爱。儿子总觉得自己和母亲之间隔着一段遥远的距离,于是时常对她怀有敌意。在《瞧!这个人》这本确显偏颇的书中,尼采写道:"每当我去寻找与我有着天壤之别的那个对立面时,每当我去寻找受本能驱使而做出的无法估量的龌龊行为时,我总能找到自己的母亲和妹妹。"(《瞧》-智慧-3)完成这本书后只过了几个星期,尼采就疯了,母亲无私地照顾他,直到她自己于1897年去世。

妹妹曾讲起过尼采小学时代的一件逸事,从中能够看出他的为人。一天下午,快要放学的时候,突然下起了暴雨。其他男孩都急忙跑回家，但小弗里茨却平静地走回了家。当母亲因他浑身湿透而责备他时，他解释说，学校规定禁止跑和跳。社会行为很大程度上都来自模仿本能，但弗里茨对他人的疏离态度明显遏制了他的这种本能。此外，他也严格服从规则。从这两点上能够看出，他可能患有某种程度的自闭症。他的怪异或原创行为都可能来自这种疏离态度。此外，弗里茨不仅将学校规则当成了自己的一部分，而且在他看来，这些规则的权威建立在他那已故的父亲的权威之上，而他父亲是不容批评、不可抵抗的，他也想要模仿父亲的那种庄重气质。在解释自己行为的时候，孩子居高临下，似乎在重现父亲在面对母亲时的高人一等。虽然这种说法看上去似乎有些教条，但也能从善意角度来解读这种行为：尼采已经内化了父亲的形象，他所寻求的是其他人对这个内化后形象的认可。在忍受淋雨所带来的不适感的同时，他也表现出一种意志，这种意志既是他成年生活的支柱，也是他哲学思考的中心主题。在此后的人生中，尼采一方面会继续认同被他理想化的那个父亲形象，另一方面也会通过激烈地反对基督教来反对父亲。

尽管温暖和快乐并不是尼采童年时代的常客，但它们也并不是完全没有的。他与妹妹关系密切，而妹妹也会把他当作英雄来崇拜。两人会一起编故事，其中一些故事以一只陶瓷松鼠为主角,他俩给它起了个名字"松鼠王一世"。他会写诗。9岁时,镇上教堂曾演奏了亨德尔(Handel)的《弥赛亚》(Messiah),其中《哈利路亚大合唱》(Hallelujah)那一段令弗里茨神魂颠倒,由此他产生了对音乐的热爱。母亲虽不富裕,但还是给他买了一架钢琴。不到两年,他已能演奏贝多芬的奏鸣曲。在朋友克鲁格和平德的父母的鼓励下,他开始探索音乐和文学:12岁时,他通过平德第一次了解到歌德(Goethe)的作品。在学校里,尼采没有再交到其他朋友。威廉·平德后来回忆说,尼采是一个孤独、忧郁、勤奋的人,但在游戏中总是获胜,而且他相当机敏,总是能让游戏变得更富挑战性。

尼采下一阶段的学校教育从1858年10月开始。当时,他因出色的学习成绩而获得了一个免费名额,可以到位于瑙姆堡城外几千米处的著名寄宿学校波福尔塔就读。那是一家非同寻常的教育机构。其校友包括因新教史诗《弥赛亚》(Der Messias)而闻名的诗人弗里德里希·戈特洛布·克洛卜施托克(Friedrich Gottlob Klopstock, 1724—1803)、哲学家约翰·戈特利布·菲希特(Johann Gottlieb Fichte, 1762—1814),以及伟大的历史学家莱奥波德·冯·兰克(Leopold von Ranke, 1795—1886)。它原本是一座熙笃会修道院,宗教改革时被改造成一所学校,广阔的场地外仍围有一圈围墙,修道院小堂也未被拆除。波福尔塔似乎与英格兰公立学校有着许多相似之处，但也有其特点：它有一个明确的教育使命，即培养高水平古典文学学生，预计许多毕业生将继续在学术方面发展。此外，它也是一个"全面型教育机构"，以塑造男孩性格为己任[1]。这一点是通过严格执行作息时间来完成的。夏天时，男孩们必须在早上5点前起床，冬天则是6点。一天中的大部分时间都在上课或在教师监督下自习。只有每周日下午4点到6点之间，男孩们才能离开学校场地。学校能够提供大量娱乐活动，如游泳、球类比赛、体操等，男孩们偶尔还会走出学校，组织行军和爱国游行活动，表示对普鲁士国王的忠诚。尼采参加过学校合唱团，也参演过学生们在忏悔节时上演的戏剧。

学校课程以古典语言学习为主。学生每周要上6小时的古希腊语课，拉丁语课则是前三年每周11小时的课，后三年每周10小时。德语课（尼采文采出色，在该科目中获得了优秀成绩）和数学课（让他感到厌烦）也很重要。学校还提供历史课和宗教知识课（包括希伯来文化知识）；在自然科学方面，只有物理课。学生们能够充分掌握古希腊语和阅读拉丁语经典作品。1861年11月，17岁的尼采告诉妹妹，在古希腊语课上他正在阅读荷马（Homeros）、演说家吕西亚斯（Lysias）和希罗多德（Herodotos），在拉丁语课上则在读维吉尔（Vergilius）、李维(Livius)、西塞罗(Cicero)和撒路斯提乌斯(Sallustius)。波福尔塔的毕业生恐怕比如今许多大学毕业生更加了解古典文学。现代语言只是选修课，由以此为爱好的教师们提供。尼采记录说，他曾参加过法语和意大利语阅读小组，但他对这两种语言都不是很精通，后来他阅读法语的时候经常需要借助字典。他似乎从未学过多少英语，但却读过莎士比亚、拜伦和雪莱作品的译本。

在这所学校里，尼采依然表现出色，前三年里总是班上第一名；后来就略微有些松懈了。有时他也会不顾规则，但情形都相当温和。1862年11月，他曾以幽默口吻写道，自己损坏了教室用具，于是受到当局传唤，被判处3小时拘禁，暂时失去周日特权。次年4月，在一次周日外出活动中，他和另一位同学一起喝啤酒喝多了，还不幸遇到了老师；尼采在班上的排名从第一降到第三，并失去了1个小时的周日自由时间。以这样的方式来对待一个18岁的孩子似乎有些粗暴。尼采向母亲提到这件事时表现出的悔过之情似乎也有些过分，他俨然已经彻底内化了学校的纪律。

妹妹提到的另一件事更加不同寻常。几位学生曾一起讨论穆修斯·斯开沃拉(Mucius Scaevola)的事。根据李维的记载，这位古罗马英雄曾将右手插入火中以示勇气。其中一位学生认为这件事相当可怕，而尼采却将几根点燃的火柴放到了手掌上，忍受被火烧伤的痛，直到别人将火柴甩开。有人认为，这种看似毫无意义的举动显示了尼采的受虐和施虐倾向[2]；有没有受虐和施虐倾向不好说，但从这种举动中隐约可以看出尼采想要展现自己的意志力。

尼采在波福尔塔的学习生活有时会因他的健康状况不佳而中断。事实上，健康不佳这个问题也会在之后的人生中多次折磨他。12岁时，他就被诊断为近视。他不仅要戴着眼镜读书，还要戴着深色眼镜来遮挡强烈的阳光。后来，他曾有过几段几近失明的体验。要知道，在发明电灯之前，人们依赖自然光，光线昏暗时也会继续工作，此外还会依赖油灯和蜡烛，所有这些情形都会令视力问题日益恶化。学校的医疗记录显示，尼采经常因流感、风湿病和头痛而入院治疗。学校以增强学生体魄为目标，不会因小病把学生送入病房，所以他当时的情况一定相当糟糕。

尽管健康状况欠佳，尽管学习规划严苛(他后来对此表示感激)，但尼采还是培养了一些个人兴趣，并发展出了独立思考的能力——对老师来说，他恐怕有些过于独立思考了。1861年，也就是尼采17岁那一年，他宣布自己最喜欢的诗人是弗里德里希·荷尔德林(Friedrich Hölderlin, 1770—1843)。这位诗人于1806年前后精神失常。在尼采那个年代，他尚不为人所知，而在今天他则被众人视为继歌德之后最伟大的德国诗人。荷尔德林也是古典文学爱好者，他的作品中满是古希腊文学和文化的痕迹。德语课上，尼采提交了一篇关于荷尔德林的作文，讨论了荷尔德林于1797年发表的小说《许佩里翁》(Hyperion)中对德国人的那段著名抨击，同时还称赞他对德国庸俗主义的攻击。在批改尼采作文时，老师建议他找一个"更健康、更清晰、更有德意志精神的诗人"——这位老师的建议无意中恰恰证实了荷尔德林的判断。在那段时期，尼采也喜欢其他诗人，排名第二的那一位离德意志精神更远些，他就是拜伦(Byron)：不过，尼采喜欢的不是写《唐璜》(Don Juan)的那位拜伦，而是写浮士德式《曼弗雷特》(Manfred)和威尼斯式悲剧《两位福斯卡里》(The Two Foscari)等剧作的那位拜伦。虽然现在很少有人会去阅读拜伦的剧作了，但在尼采那个时代，那些剧作在很大程度上提高了拜伦在整个欧洲的声誉。例如，歌德曾非常欣赏这些剧作，不过他与尼采不同，他可以用英语来阅读。

尼采还对另一些事感兴趣，这些兴趣点的影响更加深远。和许多富有想象力的年轻人一样，尼采对日耳曼传说所描绘的那个世界非常着迷[3]。在大约四年的时间里，他的兴趣集中在哥特国王厄尔曼纳里克(Ermanaric)身上。《诗体埃达》与《散文埃达》以及一些萨迦中都曾提到过这位国王。尼采读过这些书,他也读过中世纪以拉丁文写作的那些史学家的著作,他还计划写一篇有关这位国王的交响诗。他很喜欢古诺斯语中的那个宏大概念——诸神的黄昏 (Ragnarök),即世界末日。毫无疑问,正是因为他早期曾对这一话题感兴趣,所以后来才能欣赏理查德·瓦格纳 (Richard Wagner) 对日耳曼神话的运用,尤其是后者在以《诸神的黄昏》(Götterdämmerung) 为结尾的《尼伯龙根的指环》(Der Ring des Nibelungen) 系列歌剧中对神话的运用。

尼采萌生了一个雄心勃勃的计划——写了一篇作文,评论索福克勒斯 (Sophokles)《俄狄浦斯王》(Oidipus Tyrannos) 中的第一合唱歌。从那时起,他开始思考悲剧的起源。在那篇作文中,他认为悲剧起源于抒情诗,还认为悲剧本质上是音乐性的,在这一点上悲剧与现代歌剧形成鲜明对比:在现代歌剧中,歌词只是被作曲家配上了音乐而已,但却因此而获得了不应有的重要地位。在这股现代潮流中,最大的例外就是瓦格纳。1864年,尽管尼采还没有开始全面膜拜瓦格纳,但正是从他对瓦格纳的这种认可出发,才有了之后在《悲剧的诞生》(1872) 中对瓦格纳乐剧的歌颂。

还有另一件事,影响同样深远:他读到了美国思想家拉尔夫·沃尔多·爱默生 (Ralph Waldo Emerson, 1803—1882) 的作品。1862年,尼采首次阅读爱默生作品的德文译本,之后多次重读。他收藏了爱默生的许多作品,其中有几本保存至今,书中写满了热情的旁注。他曾把爱默生的许多句子抄写到自己的笔记本上。在题为"爱默生"的段落中,他写道:"在任何一本书中,我都没有感到过如此自在,如同在自己家中一般自在——这本书与我如此亲近,怎么赞美都不为过。"(KSA-9-588) 1883年,他曾说爱默生与自己"心意相通"(12月24日致奥弗贝克)。然而,如果想要评估爱默生对尼采的影响,却并不容易。虽然有人声称尼采的大部分核心思想都来自爱默生,但却很难将爱默生对尼采的影响与其他人对他的影响区分开来[4]。

在尼采《作为教育家的叔本华》(1874)这篇文章中,爱默生的影响最为明显,该篇文章曾两次引用其理论。开篇尼采就对大多数人随时准备否认个性并顺从群体的这种做法表示遗憾。这也是爱默生在《自立》(*Self-Reliance*)一文中的主题,他敦促人们应该敢于相信自己,不要去理会大多数人的意见。"相信你自己的想法,相信你心里觉得真实的东西对所有人来说都是真实的——这就是天才。"由于社会要求人们循规蹈矩,因此"伟大就是被误解"[5]。在敦促读者鼓起勇气去走自己的路时,尼采还加上了一句:

"是谁说过这样一句话:'当一个人不知道自己的路会通向何方的时候,他才会站得更高'?"答案是克伦威尔(Cromwell),尼采在爱默生《论圆》(Circles)一文中读到了这句引文[6]。在《作为教育家的叔本华》的结尾,尼采引用了爱默生的看法:一个伟大的思想家是危险的,因为他的想法可能会彻底改变事物的整个体系。因此,我们至少可以说,尼采是在爱默生的鼓励下开始培养个性、鄙视群体、不惜一切代价追求真理并不惜以自我孤立为代价的。甚至,尼采可能是从爱默生那里第一次了解到智者查拉图斯特拉——《自立》一文中曾引用过他的理论。

尼采在波福尔塔只交到了几个朋友。他和保罗·多伊森(Paul Deussen)慢慢熟识起来。多伊森也是牧师的儿子,后来成长为研究印度宗教的杰出学者。尼采还结识了卡尔·冯·格斯多夫(Carl von Gersdorff)。格斯多夫来自贵族家庭,酷爱音乐,尼采会写信给他,倾诉自己的许多内心想法,尤其是在19世纪60年代后期。尼采一直与他在瑙姆堡时的朋友平德和克鲁格保持联系,学校放假的时候,他会与他们见面。在尼采的敦促下,三人于1860年成立了一个社团,庄严命名其为"日耳曼尼亚"(Germania),每位成员承诺每月创作一首诗、一篇文章、一首音乐作品或画一份建筑设计稿,并提交给其他人进行批评。这个社团对尼采影响极大，其中一个原因在于克鲁格很早便萌生了对瓦格纳的兴趣。当时，尼采本人相对保守，他最喜欢的作曲家是舒曼 (Schumann)。不过，他妹妹回忆说，尼采和克鲁格经常会举行"瓦格纳狂欢"，在钢琴上反复演奏《特里斯坦与伊索尔德》(Tristan und Isolde) 中的音乐。1863年，"日耳曼尼亚"解散，一部分原因在于尼采在批评朋友作品时过于无情。面对对他崇拜有加的妹妹时，尼采独断专权，养成了这种自诩批判权威、不顾他人感受的习惯。后来，尼采与他人相处时又再次出现这种情况。此外，他后期著作中那种无情攻击的语气恐怕也可从此处找到原因。

尼采对宗教的态度发生了变化，从中也能看出他的独立思考。当时，大家都以为他肯定会步父亲后尘而进入教会。有些时候，他的确会有虔诚举动，他母亲也许曾为此而感到欣慰。多伊森告诉我们，1861年3月10日，当他和尼采公开确认基督教信仰的时候，两人萌生了一种崇高奉献的感觉。即便当时果真如此，这种情况也没能延续下去。当年晚些时候，尼采建议妹妹去阅读当时刚刚出版不久、以理性主义视角写成的耶稣生平作品，同时还说自己生日的时候希望能获得一本路德维希·费尔巴哈 (Ludwig Feuerbach) 的《基督教的本质》(Das Wesen des Christentums, 1841)。费尔巴哈认为，宗教依靠感觉，并不依靠理性：宗教的本质不过是将人类价值观投射到想象中的上帝身上；当人类获得自我认识之后，当哲学发展、宗教衰落之后，我们就会意识到自己的价值观是什么，并在实际生活中找到实现这些价值观的方法。当时还有另一部伟大的反基督教作品（尽管作者本意并非反基督教），即大卫·施特劳斯(David Strauss, 1808—1874)的《耶稣生平考》(Das Leben Jesu, kritisch bearbeitet)，该书将福音书中那些无法证实的超自然事件解释为杰出人物身边自然而然会出现的传说故事。1865年复活节，尼采拒绝领圣餐，这让他母亲非常苦恼；两人吵了起来，但最终达成一致——不再谈论宗教问题。母亲极度虔诚，但尼采对宗教日渐生厌，在这样的背景下，两人为维持关系也承受了越来越多的压力。

至少尼采还可以向妹妹解释自己的立场，而且多少还有希望获得她的理解。在1865年6月11日的一封信中，他指出，妹妹认为信仰的艰难程度是其真理属性的保证，但这样想是不对的。"2×2不等于4，想去相信这一点非常之难，所以它就更真吗？"信仰有其自身价值，但这价值与信仰的客观真理属性无关。追求真理的人无法满足于信仰。"对于真正的追求者而言，他能否求到答案这一点根本不重要。我们追求的目标难道是平静、平和、幸福吗？不，我们追求的只是真理，即使这真理是令人厌恶、丑陋无比的。"尼采还有其他一些想法彻底违背基督教伦理，不过这一部分他只写在自己的私人笔记本里：人们应该善待他人，但要记住，他人的存在只是为了服务于自己的目的。所以，任何必要行为都是正当的，"如果某个不道德行为是必要的，那么它对我们来说就是道德的"[7]。

一个本打算为教会服务的人竟会有这样的观点，这似乎很奇怪。不过，从尼采表明这些观点的那一刻起，他就已经放弃了研读神学。1864年10月，他来到波恩大学，选择该大学的主要原因是多伊森也要去那里读书。尼采虽然在神学院注册，但他更常去听古典文学、政治学和艺术史等学科的讲座。总的来说，他在以爱好者的姿态来继续学业。第二学期，他把主修科目改为语文学，这件事导致母亲再次对他失望。他还参加了戏剧和音乐活动，包括钢琴家克拉拉·舒曼 (Clara Schumann) 的音乐会，他本人也参加了波恩市合唱团。

不过，大多数时间里，尼采都忙着参加兄弟会 (Burschenschaft)，试图融入学生文化。这些兄弟会最早是作为爱国社团成立的，起初的目的是进行军事训练，以便在战争中对抗拿破仑方。名称方面，有叫法兰克尼亚 (Frankonia，即尼采加入的那个) 的，有叫图林根吉亚 (Thuringia) 的，还有叫莱茵尼亚 (Rhenania) 的，等等。其实，到了尼采所处的那个年代，这些兄弟会很大程度上已经放弃了最初的民主原则。兄弟会的主要活动由规则手册管理，这些活动包括按照一定的程序喝啤酒以及决斗。决斗的重点并不是伤害对手，而是获得一个小伤口，这伤口经过胡乱缝合之后就会留下一道疤，用来证明自己的男子气概。尼采本人也曾与一位同学进行了一场完全善意的决斗，并且甚是满意地在鼻梁上挨了一刀。兄弟会也有自己的内部语言：新成员，如尼采，被称为"狐狸"；不属于兄弟会的人是"骆驼"——可能是因为这些人还属于"荒漠"。毕业生仍算是兄弟会成员，被称为"老先生"。兄弟会是一个长期老友网，所以会鼓励老成员回去做客、支持其他成员。

尽管尼采也做出许多努力，但他还是无法养成暴饮啤酒的习惯，也无法忍受兄弟会成员们表达政治观点时的那种既傲慢又天真的态度。离开波恩时，他并没有正式告别法兰克尼亚，而是之后才发了一封告别信。信中，他建议那些成员"成熟一点"；法兰克尼亚兄弟会的成员们对这个建议相当不满，将尼采永久驱逐出会。在尼采之后的著作中，当他谴责德国人性格的时候，所用材料与他在兄弟会的那些经历有关。例如，在《偶像的黄昏》中，他对学生喝啤酒的行为进行批判（《偶》-德国人缺少什么-2）。

尼采在波恩时还发生过另一件事，围绕这件事产生

了一个传闻,所以有必要在这里谈一谈。与这事有关的唯一的史料来自多伊森在尼采死后出版的回忆录中。多伊森写道:

> 有一件事,我不太愿意去提,但它能揭示出尼采的思维方式,所以还是值得说出来的。1865年2月的一天,尼采独自一人前往科隆,在一位导游的带领下参观景点。最后,他让导游带自己去餐馆,可导游却把他带到了一个名声不太好的地方。第二天,尼采告诉我说:"突然间,我发现自己被半打穿着薄纱和金银绸的'幽灵'包围了,她们满是期待地看着我。我站了一会儿,无言以对。然后,我本能地走到一架钢琴前,作为那里唯一一个有灵魂的人,弹了几个音。之后我就能动了,于是逃走了。"根据这一点以及我对尼采的了解,我倾向于相信这句话适用于他:"他从来没有碰过女人。"(mulierem nunquam tetigit)[8]

在《浮士德博士》(Doktor Faustus, 1947年)一书中,在塑造主人公阿德里安·莱韦屈恩(Adrian Leverkühn)的性格时,托马斯·曼(Thomas Mann)曾多次借用多伊森的回忆录。他不但借用了这一段,而且在他的故事里,莱韦屈恩受到其中一名妓女的吸引，在多年后重新回到妓院，尽管那名妓女给出警告，说自己患有梅毒，但莱韦屈恩还是与她发生了性关系，同时想象着感染梅毒会释放自己的创造力。很长一段时间以来，人们认为尼采之所以会在44岁时陷入精神失常，就是因为他感染了梅毒。1889年1月，他精神崩溃后，对他进行检查的医生曾认为他患有三期梅毒。然而，最近有人提出，尼采的症状不符合梅毒的特点，但完全符合"眼眶脑膜瘤"的特点，这种脑瘤也许在他人生中很长一段时间里都在不停地生长[9]。

在那时以及此后很长一段时间里，对德国大学生而言，换大学都是件稀松平常的事。例如，19世纪20年代，海因里希·海涅（Heinrich Heine）曾先后就读于波恩大学、哥廷根大学和柏林大学。1865年10月，尼采转学到莱比锡大学。他的理由是波恩大学的学费太贵了，而且他的朋友格斯多夫此前一直在哥廷根大学学习但不喜欢那里，此时也要转学到莱比锡大学。大多数时候，大学生们之所以办理转学，是因为想听某位著名教授的讲座。所以，有人提出，尼采之所以转学，是因为著名古典学者弗里德里希·里奇尔（Friedrich Ritschl）要离开波恩大学前往莱比锡大学担任讲席教授。可事实上，早在得知里奇尔转校的消息之前，尼采已经做出了转学的决定。

现在，尼采开始研读语文学。这门学科研究古希腊语和拉丁语及其文学，尤为关注文本考据。它会查证文学文本的起源与传播，以期确定一个尽可能准确的版本。如今，尽管古典研究领域会使用更加丰富的手段来了解古代世界，但文本考据仍然是其重要组成部分。在莱比锡大学时，尼采会做一些专门的技术研究工作，和如今博士生的工作类似。尽管他对语文学的热情逐渐消退，但他始终认为语文学是严谨思维的典范。这是"仔细阅读"与严谨诠释的艺术《人》-270，它需要小心抛却意识形态偏见，因此与基督教不相容。"神学家的重要标志之一是他在语文学领域的无能"《敌》-52：在《圣经》文本的诠释过程中，总有人会不诚实，试图证明某个神学命题，这种做法对严谨诠释有害。尼采认为，所有学术领域都应遵循语文学的纪律——在这里，尼采使用了"科学"这个词，他对于这个词的定义既包括人文学科，也包括自然科学。对业余爱好者来说，"那种严谨的工作态度，那种在大大小小事件上毫不松懈的精神，那种快速评价、评估、谴责的方式，所有这些都会令人眩晕、恐惧"《快》-293；就像在军队里，做对了事情不会得到表扬，但犯了错误肯定会被训斥。

在这一领域，尼采的主要领路人是里奇尔。虽然两人在波恩大学时没有什么接触,但在就职演讲中,里奇尔在到场听众中认出了尼采,并向他致以亲切的问候。里奇尔曾鼓励自己最有天赋的几个学生——其中也包括尼采,让他们组织了一个语文学协会,互相读论文(里奇尔本人并不在场)。在该协会的第二次会议上,尼采读了一篇关于墨伽拉的忒俄格尼斯(Theognis ho Megareus)的论文。忒俄格尼斯是一位古希腊挽歌诗人,活跃于公元前6世纪,尼采在波福尔塔读书时已经研读过他的作品。会后,尼采又把这篇论文拿给里奇尔看。几天之后,里奇尔把尼采叫到自己的办公室,问他以前的学习情况,并说自己此前从来没有见过哪个学生能在第三个学期写出方法如此严谨、论证如此仔细的文章。他敦促尼采将这篇文章以书的形式出版。两年之后,它作为一篇长文出现在里奇尔主编的杂志《莱茵语文学博物馆》(Rheinisches Museum für Philologie)中。里奇尔的友善、不拘小节以及他对学生们孜孜不倦的关心也给尼采留下了深刻的印象。可惜,里奇尔对哲学不感兴趣,这一点令尼采颇感遗憾。里奇尔在其他方面也曾帮助过尼采。他知道尼采正在研读第欧根尼·拉尔修(Diogenes Laertios,公元3世纪时,他曾用古希腊语写过一系列古希腊哲学家生平故事),于是语文学年度论文比赛举办时,里奇尔选择的命题就是"论第欧根尼·拉尔修所使用的史料"。尼采参加了这场比赛,于1867年7月提交了自己的文章，致辞是品达 (Pindaros) 的诗句"成你所是"，最后获奖。

尼采一直忙于学业。他还写了另一篇文章，关于荷马和赫西俄德 (Hesiodos) 之间的赛诗传说。文章中，尼采部分借鉴了忒俄格尼斯的观点，将两人之间的赛诗视为一次比试——这是古希腊文化的核心特色之一，也是古希腊文化成就显赫的原因之一。尼采还提出了一个新颖的观点，该观点与之后成为他朋友的、伟大的瑞士史学家雅各布·布克哈特 (Jacob Burckhardt) 在其关于古希腊文化史的讲座中提出的论点不谋而合[10]。与此同时，尼采的社交生活也异常活跃（对他来说），他主要与语文学专业的同学们交往。其中包括埃尔温·罗德 (Erwin Rohde)，他也是语文学协会的成员，之后成长为杰出的古典学者，终生都是尼采的朋友。罗德和尼采会一起上马术课。1867年8月，两人曾共同前往波西米亚森林地区，进行了一次长时间的徒步旅行。有人指出，在所有朋友中，只有面对罗德的时候尼采才不会使用那种高人一等的语气[11]。

尽管里奇尔一直劝阻，但尼采还是一步步走向哲学。他决心研究第欧根尼·拉尔修所写的哲学家传记，似乎想在自己的语文学中加入一些哲学。然而，在莱比锡，他遇到了两位现代哲学家并深受他们影响，这两位就是阿瑟·叔本华(Arthur Schopenhauer, 1788—1860)和弗里德里希·阿尔伯特·朗格(Friedrich Albert Lange, 1828—1875)。

1865年10月,在莱比锡的一家书店里,尼采在冲动之下买回了叔本华的巨著《作为意志和表象的世界》(*Die Welt als Wille und Vorstellung*, 1819)。当天晚上,他回到住处就开始读这本书,读着读着就被迷住了。他后来说,他觉得这书似乎是专门为他写的。"叔本华有这样一些读者,他们读完一页就知道自己肯定会继续读每一页,并会留意他说过的每一句话,我就是其中之一。"(《考》-3-2)

叔本华那本书从第一句话"世界是我的表象"开始,就在以一种原创方式阐述激进的唯心主义,整本书风格讲究、个性鲜明。世界是由意志和表象组成的。从外部看,世界就是我的表象。我看到的不是太阳,而是我的心理表象,是那个被我称为太阳的表象。从内部看,世界就是意志。意志是一股单一的力量,它驱动一切的发生。这是理解整个自然界内在本质的关键。意志不仅体现在赋予所有生物生命的欲望和欲求中,还体现在植物的生长中,体现在使磁铁寻找磁极的力量中,体现在支配化学元素的吸引力法则中,体现在重力中。当然,它也体现在我们所谓的爱情中。这种力量把男人和女人吸引到一起,使他们产生妄想,以为自己为对方而生,而这说到底就是意志想要延续物种的盲目冲动。意志就是那个无法触及的终极现实,也就是康德所说的"事物本身"。虽然我们无法触及它,但我们可以在聆听音乐时接近它,因为音乐就是意志的声音。对于那个众所周知的美学悖论,叔本华是这样解释的:伟大的音乐显然想告诉我们一些重要的东西,这些东西无法用语言表达,也无法以任何方式与音乐体验斩断联系。

由于意志的盲目力量,我们就像李尔王一样被束缚在火轮[01]之上。如何才能逃脱?逃避意志压力的途径之一是爱——不是性爱,而是伟大宗教密宗作家所说的爱。叔本华熟读基督教密宗作家的著作,对于印度教和佛教的宗教哲学更是了如指掌。他通过德语、拉丁语和英语译本阅读那些经文(他曾在伦敦温布尔顿求学,曾经每日阅读《泰晤士报》)。在爱的激励下,人首先会想努力减轻他人的痛苦。叔本华认为,在我们与他人的互动中,最高的价值是同情心。痛苦是一种难以消除的恶,而痛苦的减轻必定是善的。谈到实验中对动物的折磨时,叔本华尤为愤慨。除了减轻他人痛苦之外,善良的人可能会彻底放弃意志、放弃欲望。历史告诉

---

[01] 亚里士多德在解读悲剧时提出的"火轮"概念。古希腊神话中,宙斯为惩罚伊克西翁的不恭行为而将其绑缚于火轮之上。亚里士多德借用这一概念来指代悲剧中某一角色的关键性格缺陷。——译者注

我们，虽然一些人曾经征服了广阔的疆域，但他们终归是意志的傀儡，远比不上那些克服了生存意志，因而放弃世界的圣人和密宗人士。尼采早期作品中经常提及"救赎"和"神圣化"，其背后表现了叔本华的这一主题。

不加入密宗的话，人们也可以通过艺术来暂时摆脱意志的束缚。欣赏一件艺术品时，我们并不希望从它身上获得什么。借用康德的名言：艺术给了我们无私的快乐。意志的压力瞬间减弱了。所以，即使是微不足道的主题，例如荷兰静物画，我们静静欣赏它，沉思也能带来愉悦。尼采后来也写过类似的句子："艺术家最艰难也是最终极的任务就是描绘恒定的、自在的、崇高的、简单的、避免个别细节的东西。"(《杂》-177) 他认为，17世纪画家克洛德·洛兰 (Claude Lorrain) 实现了这一理想。同时，他还希望在诗歌领域也能找到对应的人。后来，他在阿达尔贝特·施蒂夫特 (Adalbert Stifter) 的《印度之夏》(*Der Nachsommer*, 1857) 中找到了这种对应。这部小说以奥地利乡村为背景，满是对风景的描写，喜欢这本书的人认为它魅力十足，而反对者则认为它令人窒息[12]。叔本华认为，在天才艺术家身上，意志——也就是驱使我们渴求、满足、不满和重新产生徒劳渴求的那种盲目欲求——相对更为薄弱，而沉思的力量相对来说更为强大。因此，艺术家能够创造出客观的作品，因为它们并非艺术家本人欲求的表达。"艺术客观性"这一思路将成为尼采人生观的重要组成部分。

最后，尼采的另一个观点也源自叔本华——这个观点已经不能用简单的"精英主义"来形容了。在叔本华看来，普通人只是"自然生产出来的工厂产品，就像它每天生产出来的成千上万件事物一样"[13]。唯一重要的人是天才，这些天才在自己的时代必然受到孤立，但他们却能组成一个无形的共和国，跨越时代，在无数侏儒的头颅上方互相呼应。尼采的思想一直都建立在这样的信念之上：历史上最有价值的要素是天才和伟人的存在。

尼采对叔本华的忠实追随大约持续了十年。罗德和其他几个朋友同样是叔本华的忠实追随者。不过，尼采之所以欣赏叔本华这个人，主要原因并不在于哲学。早在1868年时，他就已经发现了叔本华哲学中存在的问题。尼采写道，既然意志和康德所说的"事物本身"都是无法触及的，那么叔本华关于它的任何说法都只能是一种诗意的幻想，如果想要把意志理解为智力，那它就必须出现在这个世界里，而不是潜伏在它的背后。[14]他喜欢叔本华"艺术客观性"这一思路，也喜欢叔本华关于"天才即特殊且极重要之人"这一想法。他也欣赏叔本华的写作风格。从他的早期作品中就可以看出，他借用了叔本华的辛辣措辞以及构造巧妙的陈述句。除此之外,最重要的一点在于尼采钦佩叔本华的品德。叔本华投身真理;他放弃学院派哲学,追求自己的原创思想,保持了思想的独立性;他接受了天才的命运——孤独。后来,尼采在《作为教育家的叔本华》一书中阐述了这一点。

严格来说,在哲学方面,叔本华对尼采的影响不及弗里德里希·阿尔伯特·朗格。1866年,尼采阅读了朗格的《唯物主义史及其当代意义批评》(*Geschichte des Materialismus und Kritik seiner Bedeutung in der Gegenwart*, 1865)。直到如今,人们仍认为该书是哲学史上的一部重要著作。它从古希腊前苏格拉底哲学家开始,一直写到19世纪自然科学研究,从中追溯唯物主义思想。对叔本华兴趣渐淡之后,尼采仍继续阅读朗格;他也阅读过该书的1887年修订版。他曾向朋友格斯多夫热情推荐过这本书,特别提到朗格对德谟克利特(Demokritos)、达尔文和康德的讨论(1866年8月底)。

朗格认为,唯物主义是世界本身向早期哲学家们展示出的第一种解释方式。公元前6世纪时,德谟克利特推测,世界由原子组成,这些原子逐渐凝聚成实体;组成灵魂的原子只是更加精细而已。从柏拉图哲学开始,唯物主义的对立面出现了。柏拉图(Platon)坚信由不受时间约束的相或理念所构成的世界永垂不朽。朗格关于"'现象世界只是另一个实体世界的扭曲复制品'这一想法贯穿整个人类思想史"[15]。在达尔文之前,甚至连生物学都以该想法为基础,认为物种是固定不变的;而达尔文则向人们表明,物种之间的界限只是幻象而已,有机世界总是处于流变之中,当然这流变是逐步发生的。不过,在朗格看来,无论唯物主义还是它的对立面都是错误的。唯物主义无法解释意识、思维活动或外部运动与感觉之间的关系(如果我被刀割伤,我为什么会感到疼痛?)。

对尼采来说,最关键的一章是朗格对康德的讨论。在驳斥天真唯物主义的时候,康德证明,所有经验都需要一些先验知识。我们体验到的,都是我们的脑组织允许我们体验的东西。不过,在康德看来,由我们的感官所感知到的现象世界与只能通过智性接触的"事物本身"的"本体"世界是不同的。朗格认为,"事物本身"并不是"超越任何可能经验的假定假想客体"[16],它只是我们想象力的产物。我们可能会去想象一些与经验相反的事物,但此类概念只是装扮一新的柏拉图主义。它是一种诗意虚构——这并不意味着它是荒谬的。"'可感世界'是一个诗意的世界,这一点康德不会明白,在他之前的柏拉图也不会明白,但这个世界的价值与高贵恰恰建立在这一事实基础之上。"[17]

因此，所有的知识都是相对的。知识不可能建立在任何绝对真理之上，因为此类真理是永远无法被发现的。我们只能知道我们的身体和认知体系允许我们知道的东西。自然科学所发现的真理总是暂时的。随着我们对这些真理的认识越来越深，或者当我们懂得如何去做更加准确的观察的时候，我们就会发现，这些真理总是需要修正（当然，这并不是一条革命性宣言，而是源自17世纪科学革命以来所有科学方法背后的假设）。

尼采曾为朋友格斯多夫总结朗格的思想，在强调"形而上构造其实就是概念性诗歌"这一结论时，他尤为兴奋。所以，哲学是一种艺术形式。尼采写道："艺术是自由的，即使在概念领域也是如此。谁会反驳贝多芬的一个乐章，或者指责拉斐尔的圣母像有错呢？"（1866年8月底致格斯多夫）。哲学家们应该放弃对绝对真理的探索，这种探索是不可能实现的，他们应该转而去提供一些有吸引力、有教育意义且令人陶醉的东西——在尼采看来，在这方面，叔本华已经做得相当出色了。

这一思路令尼采在哲学上陷入两难境地。人们当然希望哲学能充满吸引力、令人振奋，在这方面叔本华的哲学的确优于其他大多数哲学。但是，如果一个人想要遵照某种哲学去生活，就会希望哲学不仅是令人愉快、令人振奋的，而且是真实的——不是绝对的真实，而是在我们知识条件允许的情况下尽可能地接近真实。这样的哲学应当以令人信服的论据为基础,与此同时也应当有能力改进,就像科学理论一样。所以,对尼采来说,哲学变成了两件事:首先,它是一个光荣的自由领域,在那里用想象力可以设计出鼓舞人心的虚构图景;其次,它也是对真理孜孜不倦的追求——尼采看重叔本华的多种品性,其中之一便是投身真理。尼采的这两个目标并不兼容。如果读者依照几十年来许多评注家的做法,以第一种方式来阅读尼采,就会得到第一种尼采;如果把尼采的作品当作对真理的探索,就会得到第二种完全不同的尼采。这两种视角都能找到文本支持。

读了这么多令人兴奋的哲学书之后,尼采慢慢开始觉得语文学是一门相当枯燥的学科。多伊森曾经请尼采帮忙,问他哪些学者研究过以拉丁文写作的各位作家对属格和离格的使用情况。两天后,尼采回信了(1867年4月4日致多伊森),信中表达了自己的看法。他向格斯多夫抱怨说,大多数语文学家都痴迷于琐碎细节,"希望我们不要否认这一点:面对古代世界,大多数语文学家缺乏一种振奋人心的整体看法,因为他们站得太近了,他们会去研究一个油点,而不是去欣赏——这才是更重要的——并享受整幅画作那伟大、大胆的特征"(1867年4月6日)。18个月后,在给多伊森的信中,他毫不掩饰自己对语文学的厌恶:"如果让我以神话方式来表明观点,那么我会说,语文学是哲学女神所生的怪物,它的父亲是个白痴,或者是个傻蛋。"(1868年10月下旬)

与此同时,1867年10月起,尼采开始了为期一年的义务兵役,于是暂时离开了语文学研究。他被分配到炮兵团,驻扎在瑙姆堡,这意味着他可以住在家里。他努力提高骑术,用心照顾自己的马"巴尔杜因";1868年2月,他自豪地写道,他是30名新兵中公认的最佳骑手。然而,同年3月,在准备跃上马背时,他滑了一下,重重磕在了坚硬的鞍座上,撕裂了胸前的两块肌肉。伤口愈合缓慢,脓液不断渗出,似乎必须切断部分胸骨(这场手术并没有使用麻醉剂,之前尼采就在用吗啡当止痛剂,手术中也只使用了这一种药)。幸运的是,尼采得到了一位医学专家的建议,开始进行盐水浴,终结了炎症和化脓。养病期间,他为里奇尔的杂志编制索引——这项工作已经断断续续地进行了两年(当时的研究生和现在一样,经常会被老师派去做一些琐碎的工作)。1868年10月,尼采正式从军队退役。

就在这个时候,一位光芒四射的新人物走进了他的生活。一段时间以来,尼采越来越欣赏瓦格纳的音乐:要知道,当时还没有发明留声机,想要研究音乐就必须去参加现场音乐会（此外，这两位不知道，他们其实是远亲；族谱学家们发现，两人拥有一个共同的祖先，都生活在16世纪）。回到莱比锡之后，1868年10月27日，尼采去听管弦乐队演奏会，曲目有《纽伦堡的名歌手》(Die Meistersinger von Nürnberg)的序曲和《特里斯坦与伊索尔德》的前奏。当天晚上，他写信给罗德："我无法以批判性的冷静来看待这音乐；我的每一根纤维、每一根神经都还在抽搐。"仅仅一周之后，11月6日，同学恩斯特·温迪施(Ernst Windisch)在尼采的住处留下了一张便条，邀请他去会见瓦格纳本人。当时，瓦格纳悄悄回到了他的出生地莱比锡，拜访赫尔曼·布罗克豪斯(Hermann Brockhaus)教授，而这位教授的妻子恰恰就是里奇尔夫人的朋友。于是，11月8日晚，尼采来到布罗克豪斯家。他没能找到一套晚礼服，于是穿上了深色外套，希望主人能够接受他。那天晚上一切顺利，瓦格纳展示了他的鲜明个性，在晚餐前后都演奏了《纽伦堡的名歌手》中的一些段落，还朗读了自传中的一些篇章。瓦格纳拥有令人难以抵御的魅力。他曾与尼采交谈，询问尼采的情况。最重要的是，瓦格纳竟然也热衷于叔本华。晚会结束时，瓦格纳热情地握住尼采的手，邀请他今后来访，期望两人能一同在音乐和哲学中狂欢。可惜，由于瓦格纳住在瑞士，因此尼采的登门拜访似乎是一件很遥远的事。

两个月后,一切都变了,里奇尔更加支持尼采了。瑞士巴塞尔大学有一个古典语文学教席空了出来,里奇尔推荐了尼采。在推荐信中,里奇尔说,在39年的教学生涯中,他从未遇到过像尼采这样早熟的年轻人。里奇尔还说:"他是莱比锡所有年轻语文学家的偶像(这不是他本人希望的)和领袖。"[18]于是,尼采获得了这个职位。这件事非同寻常,但主要原因并不在于尼采的年龄(当年他只有24岁)。其实,巴塞尔大学经常会任命年轻教授,这些教授工作一段时间之后通常会离开该大学,前往德国,以获取薪水更高的职位。尼采之前的阿道夫·基斯林(Adolf Kiessling)获得此教席时只有25岁,尼采的继任者雅各布·瓦克纳格尔(Jacob Wackernagel)在1879年接任时只有26岁。之所以说这件事非同寻常,最关键的一点在于尼采当时还没有获得博士学位,也没有获得任教资格:在德国,如果想要获得长期学术教职,必须在博士论文之后再撰写一篇长论文才能获得任教资格。莱比锡大学根据尼采在里奇尔的杂志上发表的文章匆忙为他授予了博士学位。

当然,尼采立刻就冲向了这个职位,但他也知道这份工作也有一些缺陷。工作从1869年4月开始,需要准备讲座和讨论会,事务繁重,此外还需要在巴塞尔文法学校教授古希腊语。此前,他曾和罗德计划前往巴黎,在那里花一些时间研究自然科学,但现在看来已经无法成行。他非常珍视友谊,但前往巴塞尔就意味着远离朋友们。不过,前往瑞士也意味着他能与瓦格纳走得更近:当时,瓦格纳的女伴是科西玛(Cosima, 1837—1930),婚前姓氏是李斯特(Liszt),她虽然尚未与指挥家汉斯·冯·布洛尚(Hans von Bülow)离婚,但已经与瓦格纳同居,两人住在琉森湖畔的特里布森,距离巴塞尔只有80千米。

1869年4月19日,尼采抵达巴塞尔,那是一个约有3万名居民的自治小城[19]。几个富商家庭主导着城市,他们构成了一个开放的精英阶层(而不是封闭的贵族阶层),同时主导着元老院和内阁。该阶层观点保守,抵制苏黎世中央集权政府的压力,期望保留自治权。不过,他们也相当奉行自由主义精神,能够为非正统学者提供安全的家:巴塞尔大学里有本土瑞士人,例如古典学家兼神话学家约翰·雅各布·巴霍芬(Johann Jakob Bachofen, 1815——1887)和史学家雅各布·布克哈特(1818—1897)——他当时已因《意大利文艺复兴时期的文化》(*Die Cultur der Renaissance in Italien*, 1860)一书而闻名;此外也有来自德国的移民,例如尼采和神学家弗朗茨·奥弗贝克(Franz Overbeck, 1837—1905)。巴塞尔大学成立于1460年,困难时期曾暂时关闭。但是,19世纪中期,凭借富裕且热心公共事业的市民们的捐赠,该大学的实力越来越强。它由主理教育的参议员威廉·维舍尔-比尔芬格(Wilhelm Vischer-Bilfinger, 1808—1874)负责，他本人在1835年至1861年期间曾担任该校的古希腊语教授。他也一直大力支持尼采。该大学规模很小，1870年时只有116名学生，大多数都学习神学。尼采发现，语文学专业当时只有8名学生。

  尼采全心全意投入工作并取得了成功。他的教学任务很重：每周有六节讲座和一节讨论会，此外还要花六个小时在文法学校里教授高级课程。幸亏巴塞尔是座小城市，各个地点之间距离很近。尼采的住处位于城市边缘，环境宜人；文法学校位于巴塞尔制高点明斯特广场，距离他家步行十分钟；巴塞尔大学当时位于莱茵巷，那是从明斯特广场通往莱茵河的一条陡峭街道。起初，尼采孤身一人，不过很快就收到了许多社交邀请，其数量远超他的需要。他结识了巴霍芬和布克哈特——尽管他总是与布克哈特保持一定距离，但他对布克哈特的了解远超对巴霍芬的了解，私下里会说布克哈特是一个"杰出的怪人"(1869年5月29日致罗德)。尼采和布克哈特两人经常一起散步，或者在明斯特回廊里见面，谈论他们的共同兴趣，如叔本华、古希腊、意大利文艺复兴。布克哈特思想保守，厌恶民主派的政治主张，于是尼采也就更加反对当时民主和自由主义的发展了。

1870年,尼采结识了奥弗贝克,两人一直保持着友谊。33岁时,奥弗贝克获得了新约圣经研究和教会史的教席。他和尼采住在同一所房子里,都试图反对各自学科领域中的主导思潮。尼采对古典语文学的狭隘表示遗憾,而奥弗贝克则抱怨说,当下的神学倾向于将信仰从宗教中剥离出来,并以单纯的宗教知识取代信仰。后来,他曾写过一本小书《论当今神学的基督教特性》(*Ueber die Christlichkeit unserer heutigen Theologie*, 1873),其中谈到了这个问题,那本书在神学家中引起的轰动堪比尼采1872年的作品《悲剧的诞生》。

当然,尼采也曾前往特里布森,拜访瓦格纳夫妇的湖边别墅。他于1869年5月21日首次登门,之后,同年6月至8月间又进行了四次周末拜访。他很喜欢既聪明又优雅的科西玛[20],不过由于他对动物没有什么兴趣(除了《查拉图斯特拉如是说》中那些具有象征意义的动物之外),因而他可能对瓦格纳家的小动物园兴趣寥寥——那里养着两条狗、两匹马,还有两只孔雀,名叫沃坦(Wotan)和弗里卡(Fricka)。第一次拜访之后,尼采给瓦格纳寄去了一封感谢信,信写得热情洋溢,称对方是个天才。此外,尼采还写信给罗德:"瓦格纳确有我们所希望的一切:极度丰富的伟大精神,精力充沛的性格,迷人可亲的人品,此外还拥有最强烈的求知欲。"(1869年5月29日)作为回报,尼采有时会在巴塞尔帮助瓦格纳夫妇采购商品,甚至帮他们买过丝绸内衣,以满足瓦格纳的奢华品位。

尼采也迷上了瓦格纳的散文作品。在《艺术与革命》(Die Kunst und die Revolution, 1849)中,既年轻又犀利的瓦格纳坚持认为,古希腊悲剧中的主导力量是由阿波罗赐予的将一切转化为图像的力量,这些悲剧向古雅典人展示了有关其集体生活的极其美好的景象。然而,随着古希腊众城邦的消亡,古希腊悲剧业已衰落,它原本在表演、音乐、文字上的一致性已经瓦解。古希腊悲剧曾负责探索生命奥秘,但此时已经将这个功能让位于哲学。罗马帝国把臣民变成了奴隶,而基督教则教育他们蔑视自己。现代艺术是商品,戏剧已分裂成话剧和歌剧。在《歌剧与话剧》(Oper und Drama, 1851)中,瓦格纳展现了自己的雄心壮志,计划在自己的创新乐剧中将两者融为一体。1854年,瓦格纳开始阅读叔本华,从那之后,他的革命热情有所减退;此外,瓦格纳谴责奴隶制,而尼采却认为奴隶制是文化基础,不可或缺。尽管存在这些差异,但瓦格纳的那些文章依然为《悲剧的诞生》以及尼采此后的其他著作提供了素材[21]。

1870年夏天,发生了一件令人震惊的事:法国向普鲁士宣战。表面上两个国家的争执点在于西班牙王位继承人问题上两方的支持对象不同,不过这场争端也为普鲁士首相俾斯麦(Bismarck)提供了一个机会，能够让德意志各州(其中许多州已经通过北德意志联盟与普鲁士结盟)团结起来，对抗共同的敌人，从而实现德国的统一。尼采对这些政治花招一无所知，他陷入高涨的爱国主义情绪之中。他没有参战义务，因为他在巴塞尔任职时就已经放弃了普鲁士公民身份(而且，由于他没有在巴塞尔连续居住满8年，因此也无法申请瑞士公民身份，他的余生一直都是无国籍的)。尽管如此，他仍写信告诉维舍尔-比尔芬格，说自己必须响应德国的召唤，履行他的"德意志职责"(1870年8月8日)。大学批准他休假，于是他进入了医疗服务队。科西玛·瓦格纳指出，德国不需要他入伍：这不属于国家紧急情况；胜利的军队已经在法国土地上站稳脚跟；医疗队和军队一样组织良好，像他这样的业余人士只会碍事。不过，尼采还是在埃朗根接受了为期两天的培训，之后经行横尸遍野的沃尔特战场向已被德军占领的法国前进。到达梅斯附近后，他负责转运伤员，把他们运回德国卡尔斯鲁厄的一家医院。之后，他回到埃朗根。在那里，他患上了痢疾和白喉，成了医疗队的负担。尼采的战争入伍只持续了一个星期，但这一个星期让他知道了战争到底有多残酷，向他揭示了"生命的可怕低谷"(1870年11月7日致格斯多夫)。就在那一周(9月1日至2日)里，德军在色当取得了对法军的决定性胜利，还俘获了拿破仑三世皇帝。普鲁士国王威廉一世获胜，在凡尔赛宫镜廊举行仪式，加冕为德国皇帝，德国统一。

战争带来的后果让尼采感到沮丧。他那突如其来的爱国主义热情展现了他对德意志这个民族文化的认同（正如颂扬"德意志女人、德意志忠诚、德意志葡萄酒和德意志歌曲"的国歌《德意志之歌》），但这并不代表他对任何政治实体的认同，也不代表他对以普鲁士为主导的新帝国的认同。他将当时的普鲁士称为"一股极为可怕的力量，可能会给文化带来危险"（1870年11月7日致格斯多夫）。他还向罗德抱怨"可怕的反文化的普鲁士"（1870年11月23日）。1873年，在《不合时宜的考察》第一篇中，他试图戳破这一幻觉：普鲁士的胜利以某种方式证明了德意志文化的优越性。他警告说，这样的幻觉会令胜利走向"失败，甚至为了'德意志帝国'而彻底消灭德意志精神"（《考》-1-1[01]；原文中加了重点标记）。

尼采最关心的问题是文化。但在那时，文化不仅受到来自新帝国官方庸俗主义自上而下的威胁，还受到来自工人运动自下而上的威胁。1871年，法国投降引发工人阶级暴动，巴黎公社控制了巴黎。虽然他们最终被政府军屠杀，但在抵抗过程中，工人们射杀了包括巴黎大主教在内的多名人质，还焚烧了杜乐丽城堡等公共建筑。在德国，当时

---

[01] 书中标注该段出自《不合时宜的考察》-3，但经查似应是《不合时宜的考察》第一篇《大卫·施特劳斯》的第一节，即《不合时宜的考察》-1-1。——译者注

人们普遍以为工人们也摧毁了卢浮宫及其所有绘画和古希腊雕塑藏品。尼采说，听到这一传言的那一天是他人生中最为黑暗的一天(1871年5月27日致维舍尔-比尔芬格)。在他眼中，国际社会主义是一头怪物，是长着许多脑袋的"海怪"，"与文化做斗争"(1871年6月21日致格斯多夫)。尼采相信，如果文化想要存续，就必须维持人类之间的天然不平等。

回到巴塞尔之后，尼采无论如何也无法再次投身语文学的教学工作。1870年12月，他给维舍尔-比尔芬格寄去了一份申请书，想要申请新空出的哲学教席。这完全是不现实的。尼采没有正式的任教资格，在哲学方面也没有发表过任何文章。他的哲学知识是零碎的，而且大部分是二手的，都来自朗格。尼采知道前苏格拉底哲学家，知道柏拉图，当然也知道叔本华，但他却没有读过亚里士多德(Aristoteles)的《形而上学》(Ta meta ta physika)和《尼各马可伦理学》(Ethika Nikomacheia)，也没有读过康德的《纯粹理性批判》(Kritik der reinen Vernunft)等关键著作。他的这份申请书有一个特别讽刺的地方：如果他申请到了这个教席，就会成为自己的偶像叔本华在那篇趣味引战文《论大学哲学》(Über die Universitäts-Philosophie)——出自《附录和补遗》(Parerga und Paralipomena)——中谴责的学院派哲学家。当然，尼采没有申请到这个职位。在可预见的未来中，他不得不继续做一名语文学家。

第 2 章 文化批评家

尼采写的第一本书是《悲剧的诞生》，其中包含很多哲学内容。但是，当时的学者把这本书当成了有关古典文学的传统论著，所以打开书之后他们感到迷惑不解，很快便失去了热情。实际上，这本书结构巧妙，充满个人特征，令人难以把握：首先，它以叔本华为基础，提出了一个普适的审美体验理论；其次，它以修正视角重新讲述了雅典悲剧的发展历程，讲述了悲剧在公元前5世纪时的繁荣以及之后的衰落；再次，它对古希腊人的性格特征和世界观做了一番论述，令人耳目一新；最后，它对现代世界的弊病给出了诊断意见，同时还提出，悲剧将以瓦格纳"乐剧"这一形式得以重生并解决现代世界的问题。在呈现所有这些内容时，尼采并没有采用清晰的学术考据的方式，而是采用了紧逼的姿态、华丽的辞藻，其写作风格时常让人想起狂想曲，有时甚至像在狂轰滥炸。

尼采是从1871年春天开始写这本书的。当时他生病了，过度劳累恐怕是主要原因之一，于是他获得了两个月的假期，前往瑞士意大利语区的卢加诺与妹妹一起度假。夏天时，他完成了写作，并拿去给瓦格纳夫妇看。同年10月，他向瓦格纳的出版商、位于莱比锡的弗里奇（E. W. Fritzsch）寄去了手稿。11月16日，弗里奇同意出版这本书。12月29日，《悲剧自音乐精灵中诞生》问世。在今天看来，这简直是神速。

一开篇，尼采就提出了一种美学理论。该理论建立在两个对立原则之上，而这两个对立原则又建立在人类生理之上，这就是"梦与醉这两个独立的艺术世界"《悲》-1。这两个艺术世界分别与两位古希腊神灵相关联：阿波罗和狄俄尼索斯。阿波罗，光明之神，与视觉艺术有关。在视觉艺术中，客体如梦境般在视野中清晰呈现出来。客体是独特的、自成一体的，观众与客体之间的分界也是清晰的。在狄俄尼索斯性的体验中，"醉"消除了个体与世界之间的鸿沟，所有的障碍都消失了，所有原始文化都会借助药物来诱发体验。在此类体验中，人类与自然再次融为一体："狄俄尼索斯的战车上装满了鲜花和花环：花豹和老虎扛着车轭大步走来。"《悲》-1 当狄俄尼索斯性的"醉"转化为艺术的时候，这就是音乐的体验；尼采以贝多芬《第九交响曲》中"欢乐颂"一段为例，这段音乐让全人类变成了一个整体，不经中介，直接跪在造物主面前。

在解释这两种原则之间的对立时，尼采使用了叔本华的术语，并两次大段引用《悲》-1、《悲》-16。阿波罗代表个体性原则，即将自身视为独特的、分离实体的幻觉。狄俄尼索斯则代表原初统一——"太一"，即有关"万物一体、个体性只是短暂幻觉"的知识。狄俄尼索斯性的体验能够让我们看到"玛雅面纱"背后的东西,并感受到"与世界最内在基础之间的合一状态"《悲》-2)。阿波罗性的艺术向我们展示了世界上的万事万物,为我们提供了一个享受它们的机会;而狄俄尼索斯性的艺术则通过音乐告诉我们,万事万物都是虚幻的,"音乐展现了事物在获得形体之前的最内在的核心,即所有事物的心脏"《悲》-16)。不过,审视玛雅面纱的背后,这本身并不是一场愉快的体验。审视者会发现,所有个体生命都注定毁灭。于是可知,艺术最高级的形式就是悲剧,因为悲剧的核心就是个体的毁灭。悲剧讲述的不是随便某个人的毁灭,而是一个具有杰出品质、能够成为悲剧英雄的个体的毁灭。英雄的毁灭过程饱含痛苦:经由悲剧作家改编的古希腊神话告诉我们,负罪的俄狄浦斯如何刺瞎了自己的眼睛,普罗米修斯如何因帮助人类而违抗了众神的旨意,于是被锁在巨岩上任由老鹰折磨。不过,英雄的悲剧命运也会给我们带来快乐、惊叹,最终我们会接受这悲剧。在这个过程中,我们便与生命的恐怖之处和解了。这样的体验单用语言是无法充分概括的,想要表达为一种哲学理论就更难了。它只能靠我们自己去感知,这就需要阿波罗和狄俄尼索斯在悲剧中的合作。阿波罗性的艺术使得英雄在我们眼中成为舞台上的独特存在;狄俄尼索斯性的音乐则使我们能够参与英雄的毁灭过程,我们会暂时成为原初统一的一部分,当英雄被这原初统一吞没的时候,我们将为之欢呼。从这个角度来说,悲剧给人带来了形而上的慰藉,它安慰我们"无论现象如何千变万化,作为万事万物基础的生命都是极为强大、无法摧毁的,而且是饱含享乐的"《悲》-7。

我们都知道,亚里士多德在《诗学》(Peri poietikes)中介绍过悲剧的发展历程,但尼采对悲剧的描述与亚里士多德的叙述存在一定差异。亚里士多德说,悲剧起源于酒神赞歌或歌队合唱。不过,即使是在埃斯库罗斯(Aischulos)——最早发现的那一位伟大悲剧作家——的作品中,歌队的重要地位也被削弱了。朗诵占据了主导权,舞台上的朗诵者也不再是一位,而是变成了两位,于是戏剧互动的可能性就变得更加丰富了[1]。但是,在尼采的版本中,悲剧的基本元素从始至终都是歌队。歌队成员已经把各自的自我抛在脑后,合并成了一个更大的统一体:"悲剧歌队中发生的这一情形就是最原初的戏剧现象:人们眼见着自己发生变化,行为方式也不再相同,似乎自己真的进入另一个身体,进入另一个角色。"《悲》-8 这种失去自我的感情气氛也会向观众蔓延。那个时代的观众并不是现代意义上的观众,也就是说,观众并不是置身事外的个体旁观者。坐在圆形剧场里的每一个人都能看到其他人,每一个人都会觉得自己是某个更大的整体的一部分,是歌队的成员。观众甚至相信,扮演英雄的那个演员本人就是神灵狄俄尼索斯。于是,当他们对歌队成员产生认同感的时候,也就对歌队所代表的原初统一产生了认同感:"在那几秒钟里,我们的确就是那原质本身,而且感受到了它那无法抑制的此在渴望与此在享乐;现在,在我们看来,斗争、折磨、现象之毁灭都是必不可少的,因为数不胜数、扑涌向生命的此在形体数量过多,因为世界意志的繁衍过于旺盛。"(《悲》-17)

然而,古希腊悲剧的时代是短暂的。在三位伟大悲剧作家——埃斯库罗斯、索福克勒斯和欧里庇得斯(Euripides)——之中,早在索福克勒斯身上,尼采便已看到了悲剧衰落的迹象。到了公元前5世纪末,欧里庇得斯已经无法理解他的那两位伟大前辈了。问题出在两个方面。首先,欧里庇得斯让观众走上了舞台。也就是说,他对现实主义做出了让步,让与观众类似的人出现在舞台上。于是,观众再也无法忍受无可避免的悲剧命运,通过"天外救星"获得的大团圆式的结局取而代之。音乐不再占据主导地位,只有在配合情节发展、需要模拟风暴等自然之声的时候才会使用音乐。其次,欧里庇得斯以思想家自居。在早期悲剧中,矛盾斗争的基础是观众对悲剧命运的接受，这是一个难以言说的过程，但在欧里庇得斯的悲剧中，遇到问题时只需要理性的解决方案。于是，幻象和狂喜被思想和情感所取代。

此外，欧里庇得斯与哲学家苏格拉底 (Socrates) 结成了一个宿命联盟。苏格拉底积极乐观，反对悲剧。他认为，如果想要正确行动，那么首先必须知道什么是正确的，然后再去做事；错误的行为都是因无知而造成的。他不赞成任何形式的艺术，唯一例外就是伊索寓言，因为伊索寓言的训导都是有用的。在面对那些无法从理性层面上去理解的事情时，"悲剧型的人"会默然接受；而苏格拉底则不同，他是"理论型的人"，对这类人而言，生命所包含的问题是可以在理性层面上得到理解和解决的。

苏格拉底的影响一直延续到今天，现代世界已被裹入"苏格拉底型"或"亚历山大图书馆型"的文化《悲》-18；这里指的是古代的亚历山大图书馆，因此是指"依靠书本知识"）。如今，音乐经常以歌剧形式出现，在这样的表现形式中，音乐让位于字词；这种情形在"宣叙调中尤为明显"，它只能算是"半美声唱法"《悲》-19），因为歌手要努力克制自己，以确保吐字清晰，能够被人听懂。我们不理解悲剧时代的古希腊人，现代学者大力赞扬古希腊人的怡然自得。在尝试理解古希腊人的时候，我们的大学要么依靠乏味的编辑文本，要么依靠历史考据,将古希腊人置于遥远而又与我们毫不相关的过去。

苏格拉底主义带来了更广泛的危机。苏格拉底的现代追随者们忽视了一点,但尼采却认为它非常明显,高级文化需要有闲阶层的存在,而这有闲阶层又需要由奴隶来供养:"但是,它对此在怀有一种乐观的看法,所以它否认奴隶阶层的必要性,当那些关于'人之尊严'和'劳动之尊严'的美丽诱惑及漂亮话语失去效力之后,它就会逐渐走向极为可怖的毁灭。"《悲》-18 这种乐观看法让现代劳动力变成了一心只想复仇的"野蛮的奴隶阶层"《悲》-18;所谓"善良的原人"会在"当下社会主义运动"的支持下索要自己的权利《悲》-19。不过,尼采对当下寄语:一些迹象表明,一切还有希望。歌德的《浮士德》(Faust)揭示了苏格拉底型知识文化的枯竭:浮士德已经学完了他那个时代的所有知识,但仍在渴求新的体验,希望这体验能带来更多满足感。以康德和叔本华为代表的德意志哲学证明,对理性思维来说,世界并不是彻底可知的;康德认为,现实是无法触及的"事物本身",而叔本华则再次诠释了"事物本身",将其称为"形而上的意志"。从巴赫经贝多芬到瓦格纳,德意志音乐已经建立起一个伟大传统。尼采在赞赏《特里斯坦与伊索尔德》的时候说,瓦格纳的传统尤为伟大,因为他在自己的乐剧中恢复了音乐的主导地位。此外,瓦格纳还能满足现代人对神话的渴望。每一种文化都需要神话,需要把该文化对世界的理解转变为叙事与图像。现代基督教已经偏离了最初的神话,如今只有学者才会觉得基督教充满吸引力。尼采预言,悲剧型的文化即将重生。

悲剧型的文化将会是属于德意志的。德意志音乐和德意志哲学共同奠定了这种文化的基础。神话是无法从其他民族那里借用的,所以只能依赖日耳曼神话。在文章最后,尼采多次提到瓦格纳《尼伯龙根的指环》背后的神话,该作品于1876年在拜罗伊特举行首演:

> 没有人会相信德意志精神已经永远失去了它的神话故乡,因为它仍能如此清楚地理解那些讲述故乡的鸟叫声。有一天,它会发现自己醒了,在长眠之后神清气爽:那时,它将会杀死龙,消灭奸诈的矮人,然后唤醒布伦希尔德——单靠沃坦的长矛可无法阻挡他的前进脚步!《悲》-24

尼采继续赞美德意志文化。他期待有一天能去除所有的"浪漫"(来自法国的)元素,实现德意志文化的重生,与三个世纪前因路德对抗教廷而起的宗教改革两相映照。德国"近期（对法国的）作战，获得了英勇胜利和血腥荣耀"《悲》-23），这一情形也能为文化重生鼓劲。全新的悲剧型德意志文化为何能够避开社会主义者的颠覆计划？关于这一点，尼采没有细说。不过，在之后的著作中，尼采还将多次强调自己的政治观点，只不过在那个时候，对德国的依恋将会变成毫不留情的拒绝，最后甚至连瓦格纳都被他否定了。

说到这里，如果再去问"尼采关于悲剧起源的说法到底有多少是真的？"这个问题，恐怕就有些教条了。其实，对于该论点，他本人似乎也没多少把握。他承认，在他眼里，古希腊悲剧效果惊人，但这惊人效果是无法通过文字来推断的，而关于古希腊悲剧，我们今天所知的却只有文字记录。在复原悲剧的音乐效果时，必须"以近乎学术考据的方式"《悲》-17)。此外，尼采没有说到底可以用什么材料来复原悲剧起源的历史。关于古希腊音乐，他提供的细节也少得可怜，甚至还补充了这样一句，似乎在与自己的论点作对："而我们却觉得，纵观古希腊音乐的整个发展历程——与我们已知并熟悉的无限丰富的音乐相比——我们听到的只是一个音乐天才一边小心探索力量一边唱出的青春之歌。"《悲》-17）

古典学学者列举过《悲剧的诞生》的缺点,但也承认了它的优点[2]。"悲剧起源于阿波罗性和狄俄尼索斯性力量的混合"这一核心论点是无法得到证明的。无论如何,在古希腊人眼中,音乐之神是阿波罗,而不是狄俄尼索斯。古希腊乐器的种类有限:有一种"笛",实际上是演奏方式类似于现代单簧管的一种管乐器;此外,还有一系列弦乐器,统称为"里拉琴"。古希腊音乐中没有和声、对位或复调;在古希腊舞台上,音乐从属于文字,而这一点正是尼采对现代歌剧的批评。在谈及古希腊音乐时,尼采似乎把瓦格纳的乐剧投射到古典时期的雅典。此外,欧里庇得斯和苏格拉底两人从未结盟,他们在年龄上相差20岁。尽管如此,古典学学者们也承认,尼采这本书揭示了宗教在古希腊文化中的核心地位,因此产生了强大的影响力。在这本书的启发下,尼采的朋友罗德写下了《魂魄》(*Psyche*, 1894) 一书,讨论古希腊人对灵魂不死的信仰[3]。尼采对古希腊梦境的描述得到古典学学者多兹 (E. R. Dodds) 的肯定。多兹写了一本相当有名的书,内容是关于古希腊生活的非理性面。他在书中指出,古希腊人不会说"做了一个梦",而会说"看到了梦境"[4]。

尼采认为,语文学的视角过于短浅,《悲剧的诞生》这本书就是在对该学科宣战的。它一方面尝试描绘一幅更为广阔的古希腊文化图景，另一方面洞见激励古希腊文化的那种精神力量。该书以哲学理论为支撑，这也是给尼采的老师里奇尔的一记耳光。由此看来，这本书广受他的同事谴责也不足为奇。据说，波恩大学一位知名教授告诉自己的学生，能写出这种无稽之谈的人"对学术而言已经死了"(1872年10月25日致罗德)。之后成长为一流古典学学者的乌尔里希·冯·维拉莫维茨 (Ulrich von Wilamowitz, 1848—1931)当年23岁，他也曾在普福尔塔读书，比尼采晚了四年。他写了一本小册子《未来的语文学！》(Zukunftsphilologie!)来攻击这本书。其德语标题是在暗指瓦格纳的用词"zukunftsmusik"，即"未来的音乐"。这本满是刻薄谩骂之语的小册子收到了罗德的回复，后者以理性学术态度表明，维拉莫维茨多次错误引用并歪曲尼采的观点，他的行为显示出他所支持的学科的愚昧。不过，尼采坚持认为，针对《悲剧的诞生》的所有批评都源于误解：尽管语文学家们可以从他的书中学到许多东西，但"我并不是写给语文学家的"(1872年11月7日致马尔维达·冯·梅森布格)。《悲剧的诞生》终将进入普通读者的视野。事实证明，它是尼采作品中最受欢迎、最具启发性的一部。

布克哈特尤为称赞这本书，从某种程度上说，尼采对古希腊文化的理解要归功于他[5]。当时，他已经完成了那本关于意大利文艺复兴的书，因此广受关注。1870年秋季，尼采去听过布克哈特关于历史研究的讲座。1872年冬季学期时，他又去听了布克哈特关于古希腊文明的讲座。该系列讲座不仅吸引了54名在册学生(几乎占学生总数的一半)，还吸引了城里的布尼来旁听[6]。布克哈特对古希腊的研究成果是在他死后出版的。他探讨斗争和竞争的积极价值，尤为关注公元前6世纪，并将这个世纪称为"比试的时代"[7]。在这本书中，他不仅进一步肯定了尼采对古希腊的理解，还肯定了尼采的反现代观点。布克哈特并不认可雅典民主制度，将其与法国大革命时期的恐怖统治相比较，并将雅典的衰落归因于此。对于自己所处的时代，布克哈特对瑞士的自由主义和民主发展不以为然："我看过太多的历史，所以对这种群众专制不抱任何希望，它只能导致未来的暴力统治。"[8]因此，在与古希腊和现代欧洲有关的看法上，尼采正是在布克哈特的帮助下才生发出那些激进观点——不过，尼采在这个程度上远远超过他的导师。

作为他者的古希腊人

尼采在早期著作中不断强调古希腊人的"他性"，古希腊文化与现代欧洲文化完全不同。尼采认为，我们仍受基督教影响，所以很难去把握古希腊人的不同之处。此外，我们的教育系统认定古希腊文化在某种程度上是我们的祖先，这一点也令我们理解古希腊人难上加难。尼采不仅在《悲剧的诞生》中揭露了此类错误，还写了另外两篇尖锐的文章《古希腊城邦》与《荷马之争》（均未发表）。1872年年底，尼采完成了这两篇文章，连同另外三篇文章一起，用皮封面装订成册，作为礼物送给科西玛·瓦格纳，标题为《为五本未写之书而作的五篇序言》。这两篇文章与《悲剧的诞生》相比更为激进。书中将古希腊文化描绘为他者，存在某些令人生厌的元素，因此构成了现代文化价值观的反面。

如果带着来自基督教的期望去理解古希腊宗教，那么一定会因那完全不同的宗教感知而感到疑惑。古希腊诸神提供的不是爱，不是怜悯，不是道德，也不是无实体的灵性。在古希腊人的想象中，诸神是有形的、快乐的，总是在奥林匹斯山上欢宴，他们代表了对生命的肯定。尼采所处时代的学术界人士经常认为，古希腊人拥有一种"怡然自得感"。但是，尼采所说的对生命的肯定与学术界所说的怡然自得感毫无关系。这种肯定与深入骨髓的悲观两相映照。关于这种悲观，尼采是以西勒努斯的一段传奇陈述来说明的。西勒努斯说，对凡人来说，最好的事就是"从未降生，从未存在，从未成为什么。不过，对你来说，第二好的事情就是——早早离开人世"(《悲》-3)。除了尼采给出的这个例子之外，还可以用索福克勒斯《俄狄浦斯在科罗诺斯》(*Oidipous epi Kolonoi*) 中的歌队唱词做补充：

> 一个人最好是不要出生；
> 一旦出生了，求其次，
> 是从何处来，
> 尽快回到何处去。⁹⁽⁰¹⁾

尼采撰写的第一篇学术文章是关于忒俄格尼斯的，忒俄格尼斯也曾表达过类似看法："对所有凡人来说，最好是不要出生，不要去看太阳那刺眼的光芒，可一旦出生了，那最好尽快通过哈迪斯的大门，躺在大堆的土下。"¹⁰

在尼采看来，古希腊人在内心深处是悲观的："古希腊人懂得并体验过此在的震撼与恐怖。"(《悲》-3) 一方面，在当时那种仅够维持生计的经济条件下，大多数人为了生存必须不断劳动，只有少数特权者例外；另一方面，古希腊众城邦之间经常发动战争，以肢体对抗为主，士兵死亡

---

01 摘自索福克勒斯：《索福克勒斯悲剧集5：俄狄浦斯在科罗诺斯》，罗念生译，上海人民出版社，2020年。——译者注

率很高。生命本身建立在毁灭的基础上，古希腊神话中到处都是食人、阉割、肢解和自相残杀，其中一些著名神话为悲剧作家所用。在那些片段里，凡人在神灵面前犯了罪，于是受到骇人听闻的惩罚。俄狄浦斯，最睿智的一个人，他曾解开了斯芬克斯的谜语，但是他也恰恰因这超出人类水平的知识而受到暗地里的惩罚，被引向弑父与乱伦之路。普罗米修斯藐视众神，从天上偷来火种并交给凡人，从而使人类文明成为可能。但是，正因这一罪行，他被锁在山上，每天都要被老鹰啄食肝脏。

于是，在一段很有意思的离题漫谈中，尼采说，古希腊人体现了本质上是男性的雅利安人的犯罪概念；"人类因夏娃的好奇心而堕落"这一神话则体现了本质上是女性的闪族人的犯罪概念（《悲》-9）。这条独特论断的背后，是19世纪时以语言类别为基础推断种族区别的那种草率论证倾向。20世纪末，专家们确定"雅利安"（今天我们会使用"印欧"这种称呼方式）和"闪族"两大语族。在那时看来，语族区别必定对应着"种族"之间的文化和心理差异。不过，尼采的这条论断似乎是他所独有的。这条论断与他在《悲剧的诞生》中提出的论点关系不大，在后来的著作中他也没有进一步阐释它，之后谈及"雅利安人种"的时候（《道》-1-5）也没有再次提起它。

古希腊人深刻意识到生命之恐怖。为了能够继续生活下去，他们才创造出奥林匹斯山的形象与之对抗。永恒快乐的神灵形象令人生变得似乎值得度过，现实的狰狞深渊被艺术掩盖了："只有把此在和世界当作审美现象的时候，它们才是永远合理的。"（《悲》-5）因此，古希腊人在意识到生命之深刻残酷之后仍能活下去："每一刻都会吞噬它之前的那一刻，每一次出生都是无数生灵的死亡，繁衍、生命和死亡是一体的。"（KSA-1-古希腊城邦-768）

既然如此，古希腊人也能接受社会结构中体现出的生命之残酷。生命的自然状况就是霍布斯（Hobbes）所说的"每一个体对每一个体的战争"（KSA-1-古希腊城邦-772）。唯一能够遏制这种无政府状态的，就是征服者通过暴力手段推行的威权国家。尼采说，威权终归是邪恶的，但无论过去还是现在，威权都是必要的，现代人道主义者和自由主义者都只是伪君子而已：他们宣扬忠于现代国家，拒绝承认它是统治工具，还用"人之尊严""劳动之尊严"和"权利平等"等口号来欺骗劳动人民。而古希腊人则相当坦率，他们承认体力劳动是可耻的，会诉诸武力、迫使人们去进行体力劳动。与古代那些被当成奴隶的劳工相比，现代社会这些拿工资的"奴隶"情况好不到哪去，与中世纪的农奴相比甚至还要差一些："想一想，这是一件多么令人振奋的事:中世纪的农奴通过内在强大且微妙的法律和道德关系与更高的社会阶层联系在一起,把自己深深关入狭隘的此在之中——这件事多么令人振奋——多么应当唾弃啊!"(KSA1-古希腊城邦-769)[11]

在权力这个问题上,古希腊人没有受幻觉或妄想阻碍,他们是有史以来最具政治性的人。另一个例外恐怕就是意大利文艺复兴时期的人(毫无疑问,尼采一定是想到了马基雅维利对权力进行的那一段无视道德的清醒分析)。少数有闲阶层一直忙于政治,在自相残杀的政治斗争和对其他国家的战争中释放自己的暴力冲动:"城市与城市之间、党派与党派之间的这种血腥嫉妒,这些小规模战争所体现出的凶残贪婪,这些面对被征服敌人尸体时老虎般的征服举动,所有这些都重现了特洛伊战争及其残忍场景,正如作为纯正古希腊人的荷马所津津乐道的。"(KSA-1-古希腊城邦-771)不过,战争本身并不是一件坏事。如今,最热衷于国际和平的往往是那些想为一己私利而操纵国家的金融家,他们是"自私的、无论国籍的金钱贵族"(KSA-1-古希腊城邦-774)。战争会动摇此类人的权力,因此战争和奴隶制一样,虽然令人难以直视,但却对社会有益。

如果社会发展确有目的,那么它的目的就是培养天才。危险与不安的情境有利于天才团体的培养,长期和平只能促成平庸。古希腊天才团体正是在战争间歇期蓬勃发展起来的。柏拉图想象出一个由天才、精英统治的理想社会，可惜，在苏格拉底的不良影响下，柏拉图想要放逐艺术家，只允许哲学天才存在。战争令军事天才脱颖而出，而军事天才（例如亚历山大大帝，不过人们也会想到拿破仑）有权部署并清除大量的人以实现自己的宏图壮志。在这个过程中，这些人也拥有了他们能够拥有的唯一一种尊严。虽然现代平等主义并不认同这一点，但是"'人本身'，即绝对的人，他是既没有尊严也没有权利和义务的：作为一个个体，只有当他服从完全确定且无意识的目的的时候，人才能为自己的存在找到理由"（KSA-1-古希腊城邦-776）。

古希腊培养天才的方式与基督教道德完全对立。基督教敦促我们压制自己的不良激情，而古希腊人则会毫无顾忌地释放残忍、嫉妒、仇恨等激情，"老虎般地享受破坏"（KSA-1-荷马之争-783）。他们对《伊利亚特》中关于战斗和死亡的生动细致描述乐此不疲。在实际战争中，他们也经常实施暴行。城市被征服的时候，男人会惨遭屠杀，女人和儿童则会被卖为奴[12]。

然而，因为社会鼓励嫉妒心，所以这些激情经过疏导后就变成了文化成就。尼采说，诗人赫西俄德认为，争斗女神厄里斯（Eris）实际上是两个人。其中一个"助长邪恶、

战争和冲突——这是残忍的那一个,没有哪个凡人会喜欢她",此外还有另一个,会激励人们去工作:

> 这是因为,某个不工作的人,当他看到其他人——例如一个有钱人——正忙着耕种、整理房子的时候,他就会产生嫉妒心,一个人会嫉妒那个急于奔向财富的邻居:这种争斗对凡人来说是有好处的。陶工对陶工生气,建筑工对建筑工生气,乞丐觊觎乞丐,诗人觊觎诗人[13]。

这种嫉妒和敌意是竞争的基础,由此衍生比试制度。古希腊人的所有成就都具有竞争属性。竞技选手在奥林匹克竞赛上竞争;悲剧演员为年度比赛而竞争;后世诗人试图超越荷马,于是与逝者竞争。竞争是古希腊人疏导嫉妒之情的方式,避免它演变成具有纯粹破坏性的力量。然而,如果想让这套做法奏效,就必须确保没有人能够成为无法挑战的最高胜利者,总需要几个冠军来相互竞争。尼采认为,陶片放逐法的目的就是赶走任何过于卓越、导致竞争失去意义的人。

因此,在尼采眼中,古希腊社会与他所观察到的现代欧洲的人本主义和平等主义倾向完全对立。古希腊人在艺术、体育竞赛、体能和智力训练方面追求卓越。他们所获得的成就不仅需要不平等,还需要不公与残忍,这些要素都是建立高级文化的不可或缺的基础。尼采曾在《悲剧的诞生》(18)中简要提过类似观点,此处的表态更是明确无疑的:

> 因此,我们必须明白,这真相听起来的确很残忍,但奴隶制确实是文化的本质所要求的:这的确是真相,它不允许对此在的绝对价值产生任何怀疑(……)。为了使那少数几个奥林匹斯人能够建起一个文化世界,辛勤劳动的人们必须承受更多的痛苦。这就是共产党人和社会主义者以及他们那些更加苍白的后裔——各个时代的白人"自由主义者"——对艺术和古典时代总是抱有敌意的原因所在。(KSA-1-古希腊城邦-767/8)

如果文化取决于人民的意愿,那么同情心和对正义的追求就会导致文化的泯灭。早期基督教追求正义,但求助于宗教是没用的,宗教一旦获得了权力,统治同样会依靠残忍手段,残忍与权力、统治是分不开的。尼采直截了当地说:所有权力都是邪恶的。如果想要拥有文化,就必须接受邪恶:这就是生命核心的原初矛盾。此外,文化是必要的,因为只有艺术才能令人生值得。只有把世界当作艺术品,才能忍受世界——早在《悲剧的诞生》(5)中尼采就已经洞见:"只有把此在和世界当作审美现象的时候,它们才是永远合理的。"

如何不学习经典

尼采认为,即使在堕落的现代世界,改革也是可能的。他希望瓦格纳在拜罗伊特设立的剧院能够推进德意志文化的复兴。他还认为,文法学校和大学教育改革是有可能实现的。1872年1月至3月,尼采在巴塞尔博物馆会堂举办了五场有关教育的公开讲座,大约有300名听众参加。该系列讲座以"论我们教育机构的未来"为题,广受好评,本来尼采打算将其整理后出版,但后来却放弃了。

该系列讲座中使用的一些关键词在英语中很难找到准确的对应词。用"教育机构"来翻译"文化修养准备"这个词是不恰当的,有误导作用。英语中没有任何一个词能够体现"文化修养"一词所囊括的范畴以及它的情感分量:这个词的含义是"广义上的文化认同过程,可能是在正式机构之内或之外实现的",它既包含个人修养也包括学问[14]。从重要程度和优先级这两个角度考虑，文化修养的传承高于知识的获取，文法学校也的确将文化修养的传承当作既定目标。此类学校是威廉·冯·洪堡 (Wilhelm von Humboldt) 在担任普鲁士教育部部长期间 (1809—1810) 设立的，之后，德国其他州乃至瑞士也复制了这种做法。此类学校的课程主要是深入学习拉丁语和古希腊语并研读其文学作品。与文艺复兴时期重新开始阅读古典文献的人文主义者一样，洪堡认为，以原文阅读古代文学是人类价值观对后人的最佳指引。波福尔塔就是这样一所学校，学术声誉良好。尼采在该校的学习也以拉丁语和古希腊语为主。科学和现代语言是职业学校的教学内容，只有文法学校的毕业生才能被大学录取。

尼采的核心论点是，无论是文法学校还是大学都不再注重文化修养的传承，因此真正的文化修养准备已经不存在了（或者尚未实现）。他承认，文法学校的确能够使人正确教授拉丁语和古希腊语的语法，但它们却没能培养学生对古典文化的尊重与理解。这些学校做的事，与其说是培育文化修养，不如说是灌输学问。学生们学到了有关古希腊人的一切，但却不知道古希腊人为什么重要。

德语方面的教学也是不够的。任何后续教育的基础都是正确书写与言说母语的能力。如果没有经过严格训练，年轻人就只会用新闻式语言写作,不会有鉴赏文字风格的能力。所谓"古典文化修养培育"不过是一场骗局,真正吸收古人精神的那些德意志古典作家,如席勒、歌德、温克尔曼等,并没有得到应有的尊重;本来可以利用他们来建起一座桥梁,令现代世界真正理解古人,可人们却并没有抓住这个机会。德语课程的核心是"德语作文",根据要求,学生应当在作文中表达自己的个性并形成自己的观点,不过教育体系的目的本应是告诉新人向权威低头:"正确的教育恰恰应该全力以赴地压制独立判断权这一荒谬主张,并使年轻人懂得如何严格服从于天才的权杖。"

(《教》-680)

在大学里,"教学自由"原则备受推崇。该原则认为,学生可以根据自身喜好自由选择研读方向。但是,这种做法只会让学生们感到困惑,因为他们在此前的学校里从来没有接受过相关学科系统的训练。学生们无法利用机会,也无法在浩瀚的现有学问中找到自己的出路。于是,他们只能退回到狭隘的专业领域中。如果他们试图研读哲学,那么他们就会发现,学院派哲学家们不再讨论重大问题,而只是局限于对哲学文本的细致诠释。至于艺术,大学对它不感兴趣。"史学观"将研读对象牢牢锁在过去,否认它们与当今世界之间存在任何鲜活关系。当年轻人毕业之后，他们会从事某种职业，大多数情况下他们会进入报刊出版业，但他们也能模糊地意识到，从来没有人想去帮助他们发挥潜力。这一点会让他们感到沮丧、失望，甚至会对真正的文化产生怨恨。

人们试图广泛推行这种不是教育的教育，还给它起了一个时髦的名字——"大众文化修养培育"。但这种事是不可能的，这个词本身就是一个悖论："不能把向大众传授文化修养当作我们的目标。相反，我们要向经过精挑细选、有能力实现经久不衰伟业的少数人传授文化修养。"《教》-698 尽管尼采尊重职业学校在提供职业教育方面的作用，但他断言，绝大多数人都无须关心文化修养，他们最好还是继续"健康睡眠"，这样才能为天才团体的蓬勃发展提供至关重要的"土壤"。至于那些想要把大众从沉睡中唤醒、对培养文化修养做出虚幻承诺的人，尼采暗示：他们的真实想法其实是相当黑暗的。在笔记中，他明白无误地表达了自己的观点："普遍文化修养不过是共产主义初级阶段而已。"(KSA-7-243) 毫无疑问，1872年时的那些听众知道巴黎公社刚刚遭到镇压，所以很明白尼采到底是什么意思。

对大众开展普及教育以及大学和学校扩张的需求来自国家。以普鲁士为先锋的现代国家希望拥有大量受过教育的行政人员（在这里要注意一点：在德语国家里，除公务员之外，包括学校和大学教师在内的其他专业人员也属于国家官员），因此国家需要更多的人拥有文化修养，可与此同时也会降低文化修养的整体高度，因为国家需要的是有能力的平庸之辈，而不是天才：

> 因为真正的德意志精神被人憎恨，因为拥有真正文化修养的贵族品性会引发恐惧情绪，因为人们在这恐惧驱动下会想着把某个伟大个体推向自我放逐——于是就想出了栽培并滋养大众文化修养这一虚假主张，因为人们想要逃避伟大领导人的严苛纪律，于是会告诉大众他们能够找到自己的路——在国家的指引下！
>
> （《教》-710）

因此，尼采这一系列讲座与《悲剧的诞生》一样，其核心内容都是尝试拯救真正的德意志精神——这种德意志精神展现在路德的宗教改革中，展现在德意志的音乐和哲学中，展现在近期战场上德意志军队的勇气中——并避免这种德意志精神因新帝国的文化堕落而泯灭。尼采想要用真正的文化修养准备来取代当下的普遍平庸，他想要一所培养天才的苛刻学校。只有少数人可以成为天才，但更多人可以在支持天才的过程中找到一个有价值的角色；可是这大多数人却被"所有人都能获得文化修养"这一错误主张严重误导了。

"不合时宜的考察"

在接下来的几年里，尼采以《不合时宜的考察》为总标题发表了一系列长文。他本来想写十三篇，但最后只发表了四篇。最后一篇是对瓦格纳的讴歌，像是为拜罗伊特写的广告词。不过，前三篇还是值得细读的。尽管该主题涉及的内容极多，但全都是围绕教育、文化修养和德意志文化的存续这些问题展开的。

第一篇文章无情抨击了神学家大卫·施特劳斯当时新出版的一本畅销书《旧信仰与新信仰》(Der alte und der neue Glaube, 1872)。尼采之所以写这本书，部分原因在于他对瓦格纳的忠诚：五年前，瓦格纳曾与施特劳斯发生过笔战。《耶稣生平考》于1835—1836年出版后，施特劳斯声名鹊起。该书是《圣经》考据的经典之作，玛丽安·埃文斯（Marian Evans）——笔名乔治·艾略特（George Eliot）曾将其翻译成英文。此次的新书《旧信仰与新信仰》则完全是另一类型。它综合介绍"现代观点"，涵盖宗教、科学、文化和各种社会问题，受众是中产阶级读者，提及宗教也只是为了否定它。施特劳斯将自己的信仰寄托在达尔文身上。尽管上帝是不存在的,但施特劳斯相信,宇宙是理性的、善良的,进步是自然法则。他认为战争是自然的、永远无法废除的;他为最近发生的普法战争辩护;他以巴黎公社为例谴责社会主义的破坏性,还将工人运动视为对私有财产的简单攻击;对德意志古典文学和音乐,他也提出了自己的看法。理论上,尼采本来是会认可他的许多观点的,不过他语气傲慢,令人感到恶心。此外,他也经常使用一些庸俗话语,例如将复活称为"世界史上的骗局"。

施特劳斯的这本著作立刻成为畅销书。尼采说,该书在出版后一年内印刷了六次。这本书受到保守派人士的追捧,所以想要谴责它,详细说明其思想和风格上的不融贯之处是需要很大勇气的。尼采得到了他的神学家好友奥弗贝克的帮助,后者有一段时间与尼采住在同一所房子里。奥弗贝克承认,正是在尼采的帮助下,他自己才写下了针对当代神学思潮的论战之作——《论我们当前神学之下的基督教》(*Ueber die Christlichkeit unserer heutigen Theologie*, 1873)。该书也对施特劳斯的书提出了批评。奥弗贝克批评施特劳斯对基督教的想法过于浅薄,嘲笑他的"宇宙崇拜",而尼采攻击的则是斯特劳斯的文化观[15]。在攻击施特劳斯的同时,尼采也在攻击帝制德国所自诩的文化。他警告说(我们之前已经谈过),

法国战败后，以胜利者自居的那种民族情绪可能导致德意志精神的灭亡。因此，在与施特劳斯有关的这场论战中，尼采引入了一个主题，在之后的作品中也多次提到对空虚、庸俗、军国主义、沙文主义帝制德国的否定。

在尼采看来，施特劳斯代表了令人遗憾的新人类。在他眼里，施特劳斯是一个异教者——尼采解释说，这个词借自学生俚语：当时的学生把"镇上的人"称为非利士人[01]，把自己称为"穿长袍的人"。两类人之间的对立，就像《圣经》所说的异教徒部落与天选之人之间的敌对。但是，在尼采看来，施特劳斯不只是非利士人，还是获得了文化修养的人，有资格去对哲学和艺术发表智识见解。总之，他是一个有文化修养的非利士人。为了支持这一论点，尼采不无揶揄地引用了施特劳斯针对文学和音乐的多条观点。施特劳斯是平庸的：他那些自鸣得意、居高临下的评论表明，他根本不了解莱辛（Lessing）、歌德等伟大的德意志作家是如何与一个由施特劳斯这样的人组成的毫无理解力且往往充满敌对情绪的世界做斗争的。

在哲学方面，施特劳斯也同样浅薄。他声称世界是理性的——这让尼采想起了黑格尔（Hegel）关于理性即实在的

01　意指对文化无动于衷甚至敌视文化的人。——译者注

论断，但那其实只是"对成功的崇拜"而已。施特劳斯的达尔文主义也是表里不一的：他告诫读者，要记住自己是人，而不是单纯的自然生灵。不过，达尔文早就说过，我们都是自然生灵，人类与其他动物之间并没有界限。这一点也是尼采所有著作背后的基本假设。但施特劳斯忽略了这一点，因为他没有意识到，达尔文主义终结了所有的传统道德。

施特劳斯认为自己是德意志文化的支持者，但他在说这话的同时却无意中揭示出"当今德国没有文化"这一现状。在尼采看来，"文化"与单纯的"知识"完全是两回事：

> 文化首先是一个民族在通过各种方式表达自身生活时的艺术风格的统一。然而，拥有许多知识和学问既不是通往文化的必要手段，也不是文化存在的标志，拥有许多知识和学问的人完全可以处在文化的对立面上，这对立面就是野蛮，即没有风格或各种风格混乱杂糅。(《考》-1-1)

尼采很有可能想到了古典时代的雅典。站在当下回看古典时代，当时的行为模式、写作、思想和政治生活都可以被视为一个整体。相比之下，现代世界的人不仅可以借助旅行和历史研究来接触古往今来的所有文化，还能不加选择地借用它们，于是便不需要再去拥有自己的独特风格了。正因如此，新哥特式建筑、新文艺复兴式建筑、新巴洛克式建筑和新古典式建筑会出现在同一条街道上[16]。

尼采借助施特劳斯的书提出了多个观点，这些观点在很长一段时间里对他而言都相当重要。他斩钉截铁地表达了自己对新成立的德意志帝国的反感，该立场将伴随他一生。尼采还谴责路德，认为后者斩断了文艺复兴的链条，所以尼采对德意志的反感态度也扩展到过往历史之中。此外，尼采这篇文章也是精彩的论战文，不仅揭露了施特劳斯思想中的自满和胆怯，还以滑稽的方式揭露了对方在风格上的笨拙、使用混合隐喻时的荒谬以及语气和品位的低劣。相比之下，无论是在此处还是在其他文章中，尼采都淋漓尽致地展现了自己在散文风格上的大师风范。

《不合时宜的考察》中第二篇文章《论历史学对于生活的利与弊》(1874) 提出了这样一个问题：研习历史能够为文化修养带来哪些益处。历史研究是19世纪德意志文化的伟大成就之一，其主要代表人物是著作颇丰的莱奥波德·冯·兰克 (1795—1886)。兰克是文献史学领域的先驱。他尝试讲述历史的"实际情况"，以实际发生的证据为基础构建历史，避免以宗教或哲学思路来诠释事实。可惜，他的这一雄心壮志经常被人误解。尼采提到，自己尤为崇拜古典史学家巴托尔德·格奥尔格·尼布尔(Barthold Georg Niebuhr, 1776—1831)以及他在巴塞尔结识的朋友布克哈特。他无意贬低历史学或历史研究本身。

不过，历史学不只是一门学科，尼采还指出了历史进入日常生活的多种方式。像动物一样彻底无视历史、活在当下也是有可能的。坠入爱河的时候，或者被崇高事业鼓舞的时候，人们都会停止反思过去，转而专注于此时此刻。这种态度"没有站在历史角度上"，相反，如果拥有足够的知识，人们就可以采取"超越历史角度的"立场，把历史看作"同样的激情穿着不同的衣服在游行"。尼采以尼布尔和诗人贾科莫·莱奥帕尔迪(Giacomo Leopardi, 1798—1837)为例阐释了这种态度。前者以怡然自得的姿态讲述历史，而对后者而言，历史令一切努力都显得苍白无力。再有，人们也可以从历史角度看问题，也就是说，将历史视为一个过程，这一过程的意义总有一天会被揭示——不过，这种观点终将令人失望。

在日常生活中，历史学能够以多种方式为人们提供理论支持。以纪念为目的历史学为我们提供了鼓舞人心的过往模范人物(在当代英国，丘吉尔的形象经常发挥此类作用)。好古型的历史学(尼采在使用这一词语的时候并无贬低之意)在考察过去时满心善意与

敬畏（例如，某人从家乡古建筑——市政厅、教堂、幸存的中世纪大门——前走过的时候，会觉得它们的存在令生活更加稳定，于是他会提供支持，保护这些古建筑）。**但这两种态度都有弊端。**人们在尊重过往模范人物的同时，很有可能会有选择地看待他们、忽略他们的缺点。好古之人可能会以古为名保护任何古老的东西，于是对任何创新都怀有敌意。所以，这两种态度都需要以批判型历史学来平衡。批判型历史学根据当下需要来评价过往历史（例如人们当下对过往殖民帝国的态度）。有时，人们必须拆除旧物，为新事物让路。

这三种立场都是历史学为生活服务的方式。对这三种立场来说，历史学不是一门学科，而是某人生活的一部分。然而，在当时的德国，研修历史学主要意味着从学术角度研读历史。这种做法已经造成了严重影响，已经削弱并破坏了德意志文化。正如尼采在《论我们教育机构的未来》中所抱怨的：学术型历史学否认历史与当今世界之间存在任何鲜活关系。修习历史学的学生与德国大学其他专业的学生一样，他们获得的并不是文化修养，而是"关于文化修养的知识"。他们囫囵吞下海量内容，但根本不知道该用这些内容做些什么。被他们吞下的这些内容就像石头一样，在他们身体里隆隆作响。一个古希腊人，如果穿越到那时，一定会觉得那些学生与其说是人，不如说是行走的百科全书。在这里，尼采拉远镜头，对现代文化——或者说无文化的现状——宣战。如果文化意味着团结，那么现代人就处于四分五裂的状态，因为我们的内心与我们的外表不一致。我们训练头脑——至少是填充头脑，但是我们没有保养自己的身体，也没有关注我们的外表。

尼采接着列举了过度历史研读的恶果。首先，它会创造出软弱的个性，培养现代生活所特有的从众行为："历史学文化修养与中产阶级的普世裙摆同时主宰世界。"《考》-2-5 现代学生研习哲学的时候，把哲学当成了古人思想的单纯记录，这样的学习不会对当下的生活选择产生任何影响。学生对学业没有热情，所以不会关心自己的专业领域：研究"大笑哲学家"德谟克利特的人完全也可以去研究其对立面"哭泣哲学家"赫拉克利特——谁又在乎呢？

尼采随后谈到了"历史客观性"这一概念。理论上，这个概念是指以公平、冷静的态度去评判的能力。但这种能力是一种罕见的美德，只有通过长期严格自律才能获得。大多数历史学家只能做到宽容，即以非评判态度叙述历史的能力，但其实也是软弱和冷漠的表现。对自己毫不关心的事物保有"客观态度"，又算什么本事呢！无论如何，这种历史客观性与艺术家所表现出的真正客观性毫无关系。艺术家非常关心自己的创作，他如此投入，以至于任何私心都无法潜入其中。此外，在思考过去的时候，我们为什么要去评判它？我们应当根据当下的需求和精力来决定如何与过去打交道。过去向我们讲述的东西总是如神谕般晦涩难懂，"只有你们身为未来的总建筑师，只有你们了解当下的时候，你们才会理解它"(《考》-2-6)。

历史知识也具有破坏性。对宗教进行历史研读往往会驱散神圣叙事周围的那圈崇敬光环。如果我们对基督教的历史了解得太多，那么我们最终获得的就是"关于基督教的知识"，而不是基督教本身(正如奥弗贝克所抱怨的)。同样地，一个人也可能对艺术品了解得太多，了解的也不是艺术品本身。宗教和艺术如果想要发挥重要作用，就必须营造一种神秘的气氛。如果让它们过于平易近人，那么它们也无法再给人留下深刻印象了。从这点出发，尼采进一步批判现代学术：现代学术已经变得像个工厂，这个工厂里的工人实际上是依赖于学术劳动力市场的奴隶(这些比喻在今天看来仍是如此贴切，不过，显然19世纪70年代的时候情况便已如此)。

然而，史学观还有另一个缺点：我们会觉得自己是个后来者，是个模仿者；一切值得做的事都已经做完了，已经没有什么我们能做的事了。如果我们同意那种常见的说法，即将历史视为生命历程，那么我们甚至会觉得自己已经达到成熟期，除了走向衰老之外，我们面前已经没有任何其他可能。黑格尔提出了"世界进程"构想。在他看来，该进程正在接近它的顶峰。有些人被这一构想所吸引，其中就有爱德华·冯·哈特曼 (Eduard von Hartmann, 1842—1906)。他是尼采时代的一位著名哲学家，尼采对这人的嘲笑几乎与他早先对施特劳斯的嘲笑一样无情。如果认为我们如今已经达到历史的最高点，达到从原生黏液开始的有机进化的发展顶峰，就太疯狂了。尼采感叹道："19世纪的自负的欧洲人，你疯了吧！"（《考》-2-9）

在尼采看来，以目的论视角考察历史的任何做法都是错误的。历史不是一个有目标的进程："不，人类的目标绝对不在终点，而只在它的那些最高范例。"（《考》-2-9）也就是说，历史的"目的"是产生"伟大的人"，例如亚历山大大帝或者拉斐尔（尼采使用的词语是grosse Männer, 单指男性，他没有用Menschen这个不分性别的词）。尼采不认为历史学应当关注大众，也不认为历史学应当向社会学靠拢："在我看来，对群众只应注意三个方面：首先，把他们当作伟人的模糊副本（……）；其次，把他们当作抵抗伟人的一股力量；最后，把他们当作伟人手中的工具；至于其他方面，那就让魔鬼和统计学来处理吧！"（《考》-2-9）

尼采反对以悲观态度来看待历史。如果说我们是后来者，那么也可以反过来以积极的态度诠释这一点：我们可以继承前人的成就，就像文艺复兴时期继承古希腊罗马时代的成就，从而为新文化奠定基础。最重要的是，尼采把希望寄托在年轻人那种新鲜、自发、打破禁忌的能量上——当然，其前提条件是他们要摆脱专业学习的不良影响、避免思想麻痹。说到底，我们的当下处境并不是我们独有的。所谓当下文化也许纷繁混杂、令人困惑，其中的风格与思想来自史学观探索过的每一个国度、每一种氛围。但是，古典时期之前的古希腊和我们的处境是相同的。早期古希腊人接受了来自埃及、巴比伦乃至整个近东地区的影响，但他们慢慢学会了如何去整理这种混乱情形，将其各个组成部分整合成崭新的、同质的东西，于是便有了古典文化，即后续所有文化的典范。所以，尼采并没有放弃德意志文化的复兴希望，他认为德意志文化仍能成为"生活、思想、外表和意志的统一体"《考》-2-10。

在《不合时宜的考察》中，尼采的《作为教育家的叔本华》这篇文章向叔本华致敬，将他视为这文化混沌时代的向导。尼采总结了现代世界的可怕状况，这是哲学家必须思考的：

> 当他想到匆忙无处不在、下坠日益加速的时候，当他想到全部内观与简明已然彻底消失的时候，他几

乎认为自己看到了症状,看到了文化的彻底泯灭与根除。宗教的潮水正在退去,留下几片沼泽、几汪水潭;各个民族又以最敌对的方式离开彼此,渴望将对方撕成碎片。科学不受任何约束,本着最盲目的自由放任精神,正在粉碎并溶解所有的坚定信念;拥有文化修养的阶层与国家遭到了巨大、可鄙货币经济的扫荡。这个世界从未像现在这样世俗,从未像现在这样缺乏爱和善。在世俗化带来的这种动荡之中,有识阶层不再是灯塔或避难所:他们自己每天都在变得更加躁动、更加缺少思想、更加缺少爱。一切都在为即将到来的野蛮服务,如今的艺术和科学也不例外。(《考》-3-4)

现代世界没有为真正的哲学留位置。如今的哲学家都是教授,都是国家官员。他们对真理的追求不会超过国家允许的范围,而且他们也会将国家当作人类最高成就加以颂扬。对他们来说,哲学不是一项天职,而只是一份工作。更糟糕的是,德国一直以来都敌视天才。贝多芬、歌德、叔本华、瓦格纳都遭遇试图拖垮他们的力量,并需要钢铁般的机能来与之抗争。那些不太坚忍的天才,例如诗人荷尔德林和戏剧家克莱斯特(Kleist),都被这抗争击垮了,不是发疯,就是自杀。

然而，真正的文化是尝试追寻理想的过程——追寻一个远高于自己的理想。真正的文化也是尝试发现真实自我的过程。其中需要付出的巨大努力，会让大多数人感到害怕，所以这些人更愿意时刻忙碌，正如现代世界的疯狂节奏所要求的那样。这样一来，他们就能躲起来了，就能避免被自己找到了。这样他们就能不去想那件事：我们每个人都是独一无二的，我们每个人都只有一次生命，不应该把它浪费在琐事上。然而，文化的目标是培养真正的、超越动物本性的人，这些人是哲学家、艺术家和圣人。前两类人能够让自然意识到自己的存在；而圣人呢，他压制个性，由此实现自然的终极目的："自我救赎，避免被自己毁掉。"《考》-3-5) 尼采这种令人惊讶的宗教式语言与叔本华对印度教和佛教的兴趣相呼应。

为什么能把叔本华当作教育家？这个榜样的特殊之处在于他在大学之外研究哲学。叔本华曾有过短暂的经商经历，尽管他对商业不感兴趣，但这段经历却给他带来了一些非学术工作体验。而且，他本人相当幸运，结识了歌德并接受其指导。与其他哲学家不同的是，叔本华能够自由追求真理，"叔本华式的人自愿承担了表里如一所带来的痛苦"《考》-3-4，原文中加了重点标记)。他这个榜样教育人们不要为自己所在的时代而活，而要去反抗自己所在的时代。尼采引用爱默生的话,强调哲学不应该是舒适的,而应该是危险的——爱默生说,当一个新思想家到来的时候,就好像一座大城市发生了火灾,一切都处于危险之中。

从这个角度说,叔本华活出了他自己的哲学。尼采认为,这才是哲学家应有的做法:"我对一个哲学家的评价高低,要看他到底能当一个什么样的榜样(……)。但榜样必须通过可见的生活给出,而不只是通过书本给出。也就是说,正如古希腊哲学家们所教导的那样,通过举止、姿态、服饰、食物、习俗给出,而不是仅通过言语或者仅依靠文字给出。"(《考》-3-3) 在这里,尼采似乎预见到自己未来辞去大学职位后的生活,也预见到路德维希·维特根斯坦(Ludwig Wittgenstein)和伯特兰·罗素(Bertrand Russell)等20世纪的哲学家在大学之外引领模范生活的尝试。

在尼采看来,叔本华活出了自己的哲学,而不仅仅是写出了自己的哲学,这一点与那些古希腊哲学家不谋而合。尼采撰写过(但从未出版)一份关于苏格拉底之前哲学家的研究报告,其主要部分是在1873年初年完成的。这些哲学家生活在公元前7到公元前6世纪,远早于柏拉图(公元前427—公元前348),如今我们只能通过一些残篇记录来了解他们。尼采更偏向于将他们称为柏拉图之前的哲学家。他们没有走向野蛮无知,也没有极度追求知识(这种情形将学习与生活分开，因此也是另一种形式的野蛮），而是在这两极之间开辟出一条新路。在古希腊人那里，哲学反哺生活，哲学家在文化领域作用突出。当时，哲学的社会地位还没有得到承认，更不要说谁以哲学为职业了。哲学家们之所以能够脱颖而出，是因为他们拥有高尚的个人品格，这种品格与他们的思想内容完全吻合。

在这些哲学家中，尼采最喜欢的显然是赫拉克利特。这位学者生活在公元前500年前后。他的前辈阿那克西曼德（Anaximandros）将实在分为"存有"和"生成"，同时暗示"生成"（我们所体验到的生命的不断变化）意味着"存有"在完美静止状态处下坠。赫拉克利特否认任何关于此类的划分。对他来说，世界起源于火，是创生和毁灭的持续流动。鲜明的"存有"是不存在的。实在是通过行为体现出来的，成为实在之物意味着对其他实在之物产生影响。尼采在论述时借用了"实在"和"产生影响"这两个词之间的关系，同时还引用了叔本华的类似论点。因此，它们永远会有冲突，就像早期古希腊文化中以比试形式存在的冲突那样。

根据尼采的诠释，这种持续不断的创生与艺术相对应：

> 生成与逝去，建造与摧毁，没有任何道德责任，总是处于永恒的、不变的纯真之中，这种情形在这个世界上只属于艺术家和儿童的游戏。正如儿童与艺术家的游戏，永生之火也在游戏，在天真无邪中建造并摧毁——这就是永恒存有与自己之间的游戏。(KSA-1-830[01])

因此，实在是持续不断的流动，在道德上是中立的。除了艺术家赋予它的意义之外，它没有任何意图或意义。尼采一直坚信这一观点，在他后来的作品中，即使没有明说，也一直将该观点作为论证其他事实时的前提假设。

---

[01] 摘自尼采：《希腊悲剧时代的哲学》第7节。——译者注

第3章　警句作者

为了谋生，尼采只能继续在巴塞尔大学教授古典语文学。这份工作相当辛苦：每周面对面教学时间为13个小时，此外还要备课并为学生批改作业。作为教师，他相当勤奋，而且综合各方意见来看，他也是相当成功的。除了教学之外，他还要分担一些管理工作：1874年1月，他被任命为文艺系主任，之后的任命文件将他列为副主任。他本来是可以去进行一些创作的，但所有这些苦差却阻碍了他，令他很苦恼。在1874年12月3日写给母亲和妹妹的信中，他把自己比作拴在犁上的马，不能再向左或向右看。1875年1月，他说这份工作已经成了"古怪的折磨"：

> 目前我有许多事要做，未来几个学期也是如此，每天我都忙到昏头昏脑；"职责"就是这样规定的，可我却总觉得，有了这份"职责"，我就不能再去履行自己真正的职责了。（1875[01]年1月2日致马尔维达·冯·梅森布克）

他身体不好，这也令他更加难以应对工作方面的困难。从1873年前后一直到1889年1月最终崩溃为止，尼

---

[01] 原文此处有笔误，应该是1875年，作者写成了1871年。——译者注

采经常在信中描述自己的痛苦，压抑感溢于言表。举一个例子可能就够了：

> 这段时间我过得非常不好，之后恐怕还会更糟。胃几乎彻底失去了控制，就算是严苛到极致的饮食安排，那最剧烈的头疼也会持续好几天，没过几天还会继续，就算什么都没有吃，也会连续呕吐数个小时，总之，机器似乎要解体了，而且我也不否认，有的时候我的确希望它解体。极度疲倦，沿街走路要花费许多力气，对光线非常敏感（……）。（1875年6月26日致格斯多夫）

有时，疼痛一来就会持续30个小时，他把这种情况归结为神经痛。他的视力也变糟了，要把书页放到眼睛前才能看得清，可就算放到眼睛前，有的时候字母还是会连成一片，难以分辨。他会撑起遮阳伞，抵御强烈的阳光。1877年，他告诉母亲，自己每天用眼时间最多一个半小时。1876年2月，他病倒了，无法再去讲课。1876—1877那个学年，基于健康问题，大学批准他休假。尽管尼采提出了放弃薪水的要求，但大学仍然继续支付他薪水，只是减除了文法学校找人代课所需的费用。1877年10月，尼采回到了工作岗位。1878年3月起，他不再负责教学工作。

不过，1879年5月，34岁的他感到已经无法继续工作，不得不提交辞呈。大学为他提供3000瑞士法郎的年金，对于单身汉来说，如果节俭生活的话，这些钱也足够了。一方面他已经离职了，另一方面他认为自己对空气非常敏感，所以此后他经常搬家，寻找适宜的气候再于此地居住，有时住在地中海沿岸，有时住在瑞士阿尔卑斯山地区。

尼采去看过不少医生，但似乎没什么用。巴塞尔病理学教授赫尔曼·伊默曼（Hermann Immermann）几乎成了尼采的家庭医生，他的诊断结论是胃溃疡。1877年2月，尼采在那不勒斯拜访了一位德国医生，这位医生谈到了神经痛。1877年，尼采曾写信给巴塞尔的眼科医生席斯（Schiess），那似乎是他第一次看眼科。各位医生只关注特定的症状，并不考虑它们之间可能存在的联系。奥托·艾泽（Otto Eiser）医生就好多了。这位医生相当有文化底蕴，是瓦格纳夫妇的朋友，也读过尼采的所有著作。1877年8月，他们在瑞士的一个偏远地区相遇了。当时，艾泽一家正在那里度假。尼采非常信赖艾泽，第二个月，他前往法兰克福去看病。艾泽很惊讶：尼采在巴塞尔时竟然很少去看医生，而且他之前的医生竟然不与眼科医生会诊。艾泽认为，尼采视网膜严重受损，这种情况影响了他的大脑，引起了头痛和其他症状，此外，过度思考导致的脑部过劳也是病因之一。艾泽建议，在接下来的几年里，尼采不要阅读、不要写作，也不要过度思考或过度消耗体力，同时还要避免强光、注意饮食，不要尝试用少穿衣物、在没有暖气的房间里坐着或长时间高强度散步等方式来锻炼自己。先不说艾泽医生的建议是否有价值，关键是他这个人相当不谨慎，根本没有顾及医患之间的保密关系，他把尼采的病一五一十写信告诉了瓦格纳夫妇。在回信中，瓦格纳说，尼采的问题是过度手淫造成的。尼采听说后，中断了与艾泽的联系。

尼采与疾病的斗争可被看作（他希望如此）意志的胜利。他觉得，自己所经历的那些苦难是获得全新知识的必要前提。所以，1880年1月，他写信给艾泽："我的存在是个可怕的重担：我之所以到现在都没结束自己的生命，恰恰是因为我在思想和道德领域进行了许多发人深省的观测与试验，而这些观测与试验也正是在这种忍受痛苦、几乎彻底放弃任何享乐的状态下完成的——对知识的渴求令我快乐，这快乐把我带到高处，在那里，我战胜了所有的折磨与绝望。总的来说，我现在的快乐程度已经超过了过往人生中的任何时刻。"——尽管他接下来列举了各种苦难。

那么，从某种意义上说，尼采是欢迎这些苦难的吗？他总是会等很长时间，然后再去看医生，即使看了医生，也不理会他们的建议。例如，尽管艾泽建议他注意保暖，但尼采在信中经常提起，冬季他会坐在一个没有暖气的房间里，因为他既买不起便携式火炉，也供不起朝南的房子。没错，他不能大手大脚地花钱，但他本应把舒适和健康摆在更重要的位置上。他之所以选择这样的生活方式，到底在多大程度上是因为他想表现自己的坚强意志？就像他在学校故意烧手那件事？尼采把意志作为其哲学思想的核心概念，那么他是否像他所赞扬的叔本华以及前苏格拉底哲学家那样，活出了自己的哲学？

辞去教授职位后，尼采居无定所，四处游走。他住在租来的房间里，钱都花在了艰苦旅行上（有时走海路，但大多数时候乘火车，坐在光秃秃的木座椅上），寻找适合他生活的气候。冬天，他的身影会出现在热那亚、威尼斯、意大利湖区或法国里维埃拉海岸地区。夏天，他通常会去阿尔卑斯山的瑞士段。起初他偏爱圣莫里茨，但那里逐渐变成了旅游胜地，价格也相应上涨，于是他向恩加丁山谷更高处走去，来到了海拔1800米的锡尔斯玛利亚村。他当时居住的房子如今已成了一座博物馆。偶尔他也想走得更远些，比如去北非的比斯科拉度假地，或者去墨西哥高原上的瓦哈卡，但这些想法从未发展为严肃的计划（1881年8月14日和1882年3月4日致海因里希·科塞利茨）。

那个时候，尼采已经抛弃了他的早期偶像瓦格纳和叔本华。他与瓦格纳渐行渐远，这个过程是痛苦的、缓慢的，而且他一直都没能彻底脱离瓦格纳。说到疏远这事，就不得不提瓦格纳的毕生成就——拜罗伊特音乐节剧院。该剧院开张之后便成了瓦格纳乐剧的根据地，也是《尼伯龙根的指环》四部曲的首演地。在《悲剧的诞生》中，尼采曾将它称为德国未来的希望。1872年4月，瓦格纳夫妇离开特里布森，搬到拜罗伊特的一所房子里。最后一次拜访特里布森之后，尼采心情沉重："那里简直是个废墟，我在那里住了几天，忧郁的几天。"（1872年4月30日致罗德）第二个月，他前往拜罗伊特，出席音乐节剧院的奠基仪式。

1876年8月，剧院正式揭幕，首部演出剧目是《尼伯龙根的指环》，连着演了四个晚上。这件事轰动了全国，群星云集，王室成员和许多知名人士也来了：德国皇帝短暂访问；埃及皇帝、巴西皇帝、为瓦格纳提供资金支持的人也都出席了活动。后来，尼采回忆说，这庸俗热闹的场面以及可恶至极的民族主义令他倍感恐惧："发生了什么？——有人把瓦格纳翻译成了德语！"（《瞧》-人-2）更糟糕的是，表演本身远远没有达到预期水平。瓦格纳脑海中的戏剧场景超出了当时的技术能力。众神进入阿斯加德时的彩虹桥、《莱茵的黄金》中的巨人、骑马的女武神、《齐格弗里德》中的纸板龙,都显得相当可笑。尼采无法忍受这种庸俗氛围,躲到附近一家疗养院里。在那里,他给妹妹写信说自己"失望无比"(1876年8月6日)。

从那以后,尼采对瓦格纳音乐的评价降低了。1880年,他说瓦格纳的音乐以德意志民族情感为基础,是为了抵抗启蒙运动精神而做出的反动反应《杂》-171。在他眼里,1882年的《帕西法尔》(Parsifal)是在对基督教致敬,令人生厌。在引战文《瓦格纳事件》(1888)中,他说瓦格纳是颓废的、神经质的,在结论中又说瓦格纳的艺术也是病态的。瓦格纳这个人,与其说是作曲家,不如说是剧组老板。当然,尼采本人对瓦格纳的感激之情还是一样的热烈:"无论如何我都不会从生活中抹去在特里布森度过的那些时日,那里有互相坦白,有怡然自得,有难以言说的小巧合——有深刻的瞬间……我不知道其他人和瓦格纳在一起时有怎样的感受:在我们的天空上从未有云飘过。"

《瞧》-聪明-5)

至于叔本华,尽管他的某些观点在《悲剧的诞生》中起到了至关重要的作用,但我们并不清楚尼采是否真的赞同他的哲学思想。《不合时宜的考察》中《作为教育家的叔本华》这一篇文章里,尼采将叔本华视为典范,称赞他献身于真理和真正的非学术哲学。根据尼采自己的说法，1876年前后，他开始明确反对叔本华："大约在那个时候，我意识到，我的本能想走到与叔本华相反的方向上去：它想为生命辩护，即使生命本身是可怕的、模棱两可的、充满谎言的。"(1887年秋，KSA-12-354/355[01]) 到了1877年，他已明确表态，说叔本华的形而上学论是错误的(1877年7月29日致卡尔·富克斯)。之后，他还提出了与叔本华相反的观点。叔本华试图逃离意志，而尼采则想肯定并加强意志。叔本华认为人生不值得去活，而尼采则认为，对那些足够强大的人来说，人生是无限的。叔本华认为艺术即暂时逃避意志，而尼采则将艺术视为不可或缺的幻象，认为它能够激发生存意志[1]。

现在，尼采进入了人生的新阶段。幸运的是，他结交了一些朋友，可以从他们那里获得一些帮助。其中一位是马尔维达·冯·梅森布克 (Malwida von Meysenbug, 1816—1903)。她极富个性，支持自由派，尤其倡导女性教育。她公然反抗自己的保守派贵族家庭，支持过1848年的革命。为了躲避警察的骚扰，她于1852年搬到了伦敦。在那里，她做过俄国革命家亚历山大·赫尔岑 (Alexander Herzen) 的小女儿奥尔加 (Olga) 和娜塔莉 (Natalie) 的家庭教师；后来她又成为

---

[01] 摘自尼采遗稿1887年第9组第42节。——译者注

奥尔加的养母。自1862年起，出于健康原因，她在意大利生活。她是瓦格纳夫妇的朋友，曾作为证婚人参加过他们的婚礼。她也正是通过这夫妇二人认识了尼采。尼采曾读过她的三卷本自传《理想主义者回忆录》(*Memoiren einer Idealistin*, 1875)，并于1876年4月14日给她写了一封热情洋溢的信。从信中可以看出，对尼采来说，她是个母亲般的人物。1876年4月，梅森布克建议尼采去意大利，和她一起住上一年。同年10月26日，他在那不勒斯一家宾馆与她会合。

在前往那不勒斯的路上，尼采还有两位同伴。一位是阿尔伯特·布伦纳 (Albert Brenner)，他是尼采在巴塞尔时期的一个学生。布伦纳患有肺结核，梅森布克决定照顾他。另一位是保罗·雷 (Paul Rée, 1849—1901)。在接下来的几年里，他在尼采的智识方面与情感生活中扮演了重要角色。两人是1873年在巴塞尔相识的，当时雷正在那里讲授哲学。他来自德国北部的一个犹太裔经商之家，出版过两本书：一本是《心理学沉思录》(*Psychologische Beobachtungen*, 1875)，在写作方式上参考法国警句作者写法；另一本是《道德感的起源》(*Der Ursprung der moralischen Empfindungen*, 1877)，其思维与理论很大程度上得益于从洛克到休谟等英国哲学家。这两本书，尼采都饶有兴趣地读过。

与梅森布克会面后，一行人共同前往位于那不勒斯湾的索伦托，尼采、雷和布伦纳住在鲁比纳奇别墅酒店 (Villa Rubinacci) 中紧邻的几间客房里。白天，他们要么工作，要么散步，享受那里的气候与风景；晚上，他们开读书会。由于尼采和梅森布克都患有眼疾，因此由雷或布伦纳大声朗读。几个人雄心勃勃，他们从布克哈特的《希腊文化史》(Griechische Kulturgeschichte)（当时这本书还只是一位学生的课程笔记）读起。读完之后，他们又读了古希腊史学家修昔底德 (Thoukudides) 和希罗多德。接下来，雷带着他们读了他自己最喜欢的几位法国作家（其中一些人，尼采早就熟悉了）：蒙田 (Montaigne)、拉罗什富科 (La Rochefoucauld)、沃韦纳格 (Vauvenargues)、拉布吕耶尔 (La Bruyère) 和司汤达 (Stendhal)。他们还读了俄国哲学家阿夫里坎·斯皮尔 (Afrikan Spir) 的《思想与现实》(Denken und Wirklichkeit)[2]、兰克的《近四百年罗马教宗史》(Die römischen Päpste in den letzten vier Jahrhunderten) 以及《圣经·新约》。雷曾在柏林学习自然科学，这方面知识丰富，为他们的讨论增添了不少新思路。阅读中，他们会提出、分享并讨论各种观点，这些活动在尼采寻找新思考方向的过程中扮演了重要角色，同时也对尼采的文字风格产生了明显影响，这一点从尼采始于索伦托时期的《人性的，太人性的》就能看出。

那段时期，尼采还结识了另一个朋友：海因里希·科

塞利茨 (Heinrich Köselitz, 1854—1918)。这段情谊的持续时间远远超过尼采与雷之间建立友谊的时间。科塞利茨是位音乐家，他非常欣赏《悲剧的诞生》。于是，1875年，他和一位朋友怀揣尼采出版商施迈茨纳 (Schmeitzner) 的介绍信前去拜访尼采。这就是尼采给他们留下的印象：

> 令我们震撼的是他的外表。像军人，而不像学者！我们原本以为这位反对施特劳斯的作者会有些粗暴，但他却是如此地和蔼可亲，有着发自内心的严肃，绝无任何讽刺，真叫我们吃惊……我们觉得，他拥有卓然不群的自制力。他对自己很严格，在原则问题上很严格，可另一方面，对待他人时他却又非常仁慈。[3]

在尼采的启发下，科塞利茨开始使用"彼得·加斯特"(Peter Gast) 这个艺名，理由是"科塞利茨"这样的名字很难在音乐领域有所作为。自1878年起，柯塞利茨主要住在威尼斯，尼采有时会去那里拜访他。柯塞利茨无私地承担起照顾病人（尼采）的艰巨任务，还曾帮助尼采誊写笔记或记录其口述内容，《人性的，太人性的》中的许多内容都是由科塞利茨以这种方式准备稿件并送去出版的。尼采精神崩溃后，科塞利茨又为伊丽莎白·尼采工作，对誊写笔记内容又做了节选，编成了《权力意志》。

尼采之所以重视这位朋友，还有另一个原因：他视力下降，需要有人给他读书，就像雷在索伦托时为他做的那样。尼采前往威尼斯拜访科塞利茨时，后者会为他大声朗读小说。他们读过阿达尔贝特·施蒂夫特的《印度之夏》(1857)、戈特弗里德·凯勒 (Gottfried Keller) 的著名成长小说《绿海因里希》(Der grüne Heinrich, 1880年第二版)——可见尼采的细腻文学品位。1879年11月，在瑙姆堡时，母亲曾给尼采朗读过果戈理 (Gogol)、莱蒙托夫 (Lermontov)、埃德加·爱伦·坡 (Edgar Allan Poe)、布雷特·哈特 (Bret Harte) 和马克·吐温 (Mark Twain) 的作品 (1879年11月14日致奥弗贝克)；他尤其喜欢《汤姆·索亚历险记》(The Adventures of Tom Sawyer)，还送了奥弗贝克一本。藏书阻碍了尼采的行旅生活：1884年10月4日，他向母亲抱怨说，那些重达104千克的书就像"畸形足"，妨碍了他的行动。

尼采只接受过古典学方面的教育，他想改变现状，扩充知识面。1881年8月20日或21日，在寄给奥弗贝克的信中，他写道："眼睛能工作的那点时间几乎全被我用来研读生理学和医学了 (我受的教育太差了——有太多东西需要我去好好了解！)。"信后还附了一份物理学专业著作清单，他希望奥弗贝克能帮忙采购。读书时，尼采相当积极主动。他会在信件里、笔记本上与人讨论最先进的物理学专著。举个例子：1841年，物理学家尤利乌斯·冯·迈尔 (Julius Robert Mayer) 提出有关能量守恒的热力学第一定律，1867年出版了《机械与热》(Die Mechanik und Wärme, 1867)。尼采读过这本书，还曾在与友人的多封信中围绕该书提出问题并与对方讨论，例如1882年4月20日致科塞利茨的信中就有此内容。直到最近人们才意识到，自然科学领域的广泛阅读曾对尼采产生过重要影响。

阅读存在困难，写作也是如此。尼采经常在散步时整理想法，然后利用病情减轻的短暂时间把它们写下来。他曾向科塞利茨描述自己写《人性的，太人性的》时的状态："除了个别几行字之外，所有内容都是在走路的时候想出来的，然后用铅笔在六个小本子上草草记下：几乎每次誊写都会让我陷入病痛。"(1879年10月5日) 于是，科塞利茨把尼采写的东西清晰地誊写一遍，交给印刷商，之后还帮尼采修改校样。1881年，尼采买了一台打字机，希望自己很快就能学会盲打，这样就不需要用眼去看了。可惜，这台机器虽然昂贵，但经常出现故障，于是不得不送去修理 (一个世纪之后人们对个人电脑的最初体验也是如此吧)。在如今留下的书页中，的确有一些是用打字机打出来的，不过，在写书过程中打字机到底帮了尼采多少忙，这点我们还不清楚。

尼采后期著作的特点可能与上述工作流程有关。在此之前，他的作品都是一整篇论文，分为几个部分（当然，其中也有许多离题漫谈的段落）；在此之后，他的作品都是由编了号的段落组成的，一个编号下，有时只有一个句子，有时有多个句子，很少能到四页，说它们是"长警句"再合适不过。他相当熟悉法国那些警句作家，所以这种写作形式他信手拈来。不过，健康问题依然是他采用这种形式的主要原因：头痛经常让他动弹不得，能够正常用眼的时间也不多，他只能在这短暂时间里使用他所说的那种"被诅咒的电报风格"写作（1879年11月5日致科塞利茨）。

《人性的，太人性的》于1876—1877年在索伦托写成[4-1]，出版于1878年和1880年[4-2]。这本书令尼采的读者大吃一惊，因为他果断远离了德意志主题，采用了鲜明的法兰西文学和思想风格。第一版是献给一个世纪前去世的伏尔泰的。1878年5月31日，在致科塞利茨的信中，尼采说书出版后，巴黎某个人寄给他一尊伏尔泰半身像，上面写着"伏尔泰之灵魂赞美弗雷德里克·尼采"（L'âme de Voltaire fait ses compliments à Frédéric Nietzsche）。后来，尼采又写了《朝霞》（1881）和《快乐的科学》（1882）这两本书。从中可以看出，他曾满怀热情地阅读法国道德派作家及其怀疑论心理分析。在前往索伦托的火车上，他向同车乘客伊莎贝拉·冯·帕伦 (Isabella von Pahlen, 后更名为冯·温格恩-施特恩贝格) 推荐过这些书。伊莎贝拉注意到，尼采当时正在阅读拉罗什富科的《道德箴言录》(Réflexions ou sentences et maximes morales)："他称赞拉罗什富科、沃韦纳格、孔多塞 (Condorcet) 等法国作家，尤其是帕斯卡 (Pascal)，说他们天生善于尖锐表达，能够让思想有如浮雕币章一样鲜明起伏。[5]不过，尼采明显更偏爱这类作家中的某几个。帕斯卡思想激进，令人着迷，与他进行思想对话能够发人深省：他认为，没有宗教信仰的生活定然是没有意义且无法持续的。"这种看法与之后的叔本华悲观论似乎异曲同工[6]。尼采前同事弗朗茨·奥弗贝克的妻子伊达 (Ida) 说，尼采认为自己也是一位"贵族道德派作家"，他特别喜欢拉罗什富科，但不赞同尚福 (Chamfort)，因为后者与法国大革命那些人过从甚密[7]。

本书将把《人性的，太人性的》《朝霞》《快乐的科学》放在一起讨论，偶尔也会提及相关主题在《善恶的彼岸》(1886) 及其他后期著作中的论述情况[8]。尼采先分析现代文明的前提，再假设，并对其提出疑问。之后，他又慢慢勾勒出一套新的价值观。在《查拉图斯特拉如是说》及后期那些谈话式著作中，他还会更加明确地表达这些价值观。

启蒙运动

《人性的，太人性的》刚开篇，尼采便宣布自己的任务是让启蒙运动继续下去。他所高举的大旗上写着三个名字：彼特拉克 (Petrarca)、伊拉斯谟 (Erasmus) 和伏尔泰《人》-26)。之所以提到彼特拉克，是因为他在让人重新开始阅读古典文学方面发挥了重要作用；之所以提到伊拉斯谟，是因为他是伟大的《圣经》文本考订学者，整理了古希腊文版《圣经·新约》；之所以提到伏尔泰，是因为他以机智的方式倡导众人反对教会的压迫与蒙昧主义[9]。

尼采谴责德国，说它拒绝接受启蒙运动。德国重情感，轻理性，于是成了浪漫主义的中心。浪漫主义学术的研究对象是历史传承，是民间文化以及法律和政治惯例中残存下来的那些传统。可这样做终会适得其反。浪漫主义学术本想抵抗启蒙运动、保护历史传统，可对于受启蒙思想影响的探究者而言，利用这种学术研究提供的工具，他就有能力去揭示历史起源，于是也有能力去削弱历史传统的权威地位。尼采说："现在我们必须继续下去的，正是这种启蒙运动。"(《朝》-197)

尼采式启蒙运动的工具是"科学"(Wissenschaft)。这个词既指自然科学，也指人文主义历史考据，包括尼采熟知的以语文学思路研读文本的过程。本书会把"Wissenschaft"这个词翻译为"科学",但请读者注意,它指的是一种严苛的智识探索过程,既涉及历史和文学领域,也涉及自然与医学领域。甚至在极晚期作品《敌基督者》中尼采也说:"所有迷信的两大劲敌,即语文学与医学。"《敌》-47

这个广义上的"科学"以及由此而来的启蒙运动起源于古希腊人。古希腊人对世界的理解是现实的、毫无顾忌的,在这方面他们尤为出色。正是这种对现实的感知力使他们成为"博物学家、历史学家、地理学家和哲学家"《杂》-220。他们能够察觉到每一个现象的特质,从而在理性的帮助下进行合理的归纳总结:在说明这种天赋的时候,尼采的主要例证是第一位伟大史学家修昔底德《朝》-168。所以,古希腊人"创造了科学"《杂》-221。1888年,他对古希腊人的这种看法依然没有改变。尼采赞扬他们"对事实的感知力,这是所有感知力中最高级也最有价值的那一种"《敌》-59。

除了"科学"之外,另一个关键词是"知识"(Erkenntnis)。在本书中,这个词被蹩脚地翻译成了"知识",但实际上它指的是以积极进取的态度追求知识的过程。这是一个探索的过程,能够带来强烈的满足感《朝》-98。可是,在英语中没有哪个词能够表达这样的含义。从尼采写给艾泽医生的那封感人至深的信中可以看到这种探索为他带来的满足感。尼采先描述了自己遭受的痛苦，然后说，如果不是因为"对知识的渴求令我快乐"，他恐怕早就抛开生命的重担了（1880年1月初）。尼采告诉我们，求知欲是现代人发现的：对古人来说，美德比知识更重要《快》-123。

追求知识时必须诚实正直（Redlichkeit）。在各个道德概念中，没有被尼采拆毁的恐怕只有它了。不过，在后期著作中，尼采也会反复追问我们为什么想要当个诚实正直的人。这种美德产生于基督教衰落之后《朝》-456，它与学术严谨性有关，也与大多数人依然缺乏的"智识良知"有关《快》-2、335。潜心追求智识严谨性时，就会生出一种清透、明亮、振奋的阳刚之气，不得要领的人对这种气场会感到害怕；不过，熟悉之后，他就会发现，从此以后他只想在这种气场中呼吸《快》-293。

启蒙运动和宗教是不相容的。在尼采看来，任何人，但凡拥有智识良知，就不可能接受宗教，这一点再清楚不过了《人》-109。基督教尤其让人无法接受，它是一个奇怪的、不协调的、古代世界的遗留之物：

> 一个神，一个与凡人女子生儿育女的神；一位智者，一位宣扬不要再去工作、不要再去评判，而要去

留意世界末日来临迹象的智者；一种正义，一种让无辜者代他人牺牲的正义；一个人，一个给鲜血命令门徒来喝的人；一次次祈祷，祈求神迹干预；一个神犯的罪，要由另一个神来赎；害怕一个彼岸，一个以死亡为入口的彼岸；把十字架形象当作象征符号的做法已经深入一个时代，一个不再知道十字架含义与耻辱的时代：这一切可怖地向我们袭来，好似来自早已逝去的过往时光的坟！谁敢相信，这样一些事竟然还有人在信？《人》-113）**10**

事实上，在尼采看来，这样的基督教已经几乎无人笃信了。在当今世界里，那些真正实践使徒生活的人已经抛弃了基督教，至少在他们内心深处是这样的。与此同时，那些更加追求默观的人也不再重视基督教。在他们眼里，基督教只是一种模糊的乐观主义，一种降低期望、听之任之的态度，用来面对生命中那些无法否认的恶。在稀释过的基督教中，"上帝、自由、不死不灭"已经被一团难以界定的信仰所取代，这信仰相信善意与体面，相信这两点应当在宇宙中占据主导地位。这就是"基督教的安乐死"（《朝》-92）。尼采估计，欧洲已有2000万人不再相信上帝，他希望他们能够互相沟通，共同联手，形成一股新的力量，超越民族、阶级的分界《朝》-96。

尼采所支持的这种观点由来已久，它最早是由古罗马诗人卢克莱修(Lucretius)提出的，在启蒙运动中尤其获得了大卫·休谟(David Hume)的支持。该观点认为，宗教起源于恐惧[11]。原始人将自己的情感投射到无生命的物体上，并认为可以通过宗教仪式(包括祭祀)来控制这些物体，向它祈福[12]。后来，到了古代古典时期，在人们的想象里，各式各样的神灵居住在遥远的地方，他们偶尔才会来看一下凡人。尼采认为，多神教优势明显，它为人们提供了想象的空间，允许人们去创造各种各样的神灵、超自然生灵或半神；而一神教则要求人们不得超出"标准神"的范围，于是也强加了一个单一的、标准的人性榜样《快》-143。在古希腊人的想象中，他们的神拥有人类的激情、人类的缺点，所以希腊人也能更好地接受自己的本性，甚至去欢庆自己那"太人性的"失败《杂》-220。他们理解盗杀抢掠之罪，例如普罗米修斯和俄狄浦斯神话中的那些罪，但他们完全不知品行过失之罪为何物《快》-135;参见《悲》-9。

犹太教和基督教把品行过失之罪带到了世界上《人》-124,《漫》-78。他们要求人类将自己与一个完美的、全能的神进行比较。以这样的神为尺度，人类必然会有严重的缺陷，于是便有了自责的感觉，并进一步产生了对救赎与救恩的需求。宗教教导人们恨自己：尼采提到了帕斯卡的名言"自我是可恨的"《朝》-63,《杂》-385 [13]，并将圣保罗说成"犹太人的帕斯卡"《朝》-68。人们必须鄙视自然、身体和性。基督教谴责每个人生来就有的身体感觉，确保每个人都会陷入痛苦《朝》-76，通过饥饿和自我折磨来煎熬肉体的苦修者被捧上了天，接受人们的敬拜。在整个中世纪，神秘神视[01]被视为人类的最高成就——从现代医学的角度来看，那种经验与心理障碍有关《人》-126,《朝》-66。如今，尽管我们已不再赞同肉体上的折磨，但却依然低估了基督教用展望地狱景象来吓唬数以百万计的信徒，以及由此强加给他们的精神折磨《朝》-77 [14]。

这样的控诉相当有力。不过，十年前，也就是1880年前后，尼采对基督教的看法还没有如此偏激，那时他还会分辨基督教的优与劣。他曾写道，在讽刺作家尤维那利斯（Juvenalis）所描述的奢靡、颓废的古罗马社会里，早期基督徒那安静、不问世事的态度以及他们对灵魂的高度重视定然是令人耳目一新的，似乎是古希腊哲学家所代表的那个"美好古代"的尾音《杂》-224。此外，在近代，尼采非常看重法国古典文化，他也曾对那个时代多位精于细节、

01　祈祷或默想时突然由内心深处浮现出某种图像或知觉。——译者注

智识微妙的基督徒表达了无法抑制的钦佩之情：例如帕斯卡，"他结合了火、智慧和诚实，在所有基督徒中位居首位"，还有在智识和道德层面上要求严苛的皇港修道院扬森派。如果没有天主教会的反宗教改革，以及新教与之对应的虔敬主义、对加深信徒灵修体验的追求，我们就永远都不会有帕莱斯特里纳 (Palestrina) 和巴赫 (Bach) 那样拥有深厚精神底蕴的音乐《人》-219）。

我能知道些什么？

受到启蒙运动影响之后，科学与学术考据都不再尊崇宗教主张，不过，想要摆脱形而上学这一权威却要难得多。形而上学是一组学说的统称。这些学说认为，在感官感知到的不断变化的世界背后，还存在另一个永恒的实在；这另一个实在可以通过智识或精神来领悟；而且，在某种程度上，这另一个实在比我们通过感官认识到的世界更加真实。此类学说包括基督教思想，因为它相信存在恒常的神圣领域；另一个是柏拉图的象论（理念论），他认为大地上的一切不过是象的副本；再一个就是康德所说的"事物本身"，即我们永远无法获知的实在，康德认为，我们头脑的既定构造决定了我们只能在时间和空间层面上体验世界。

形而上学相信世界之外存在另一个永恒的实在，尼采决定调查一下此类信念的起源，由此掏空它们的根基。实在很可能是不断变化的《人》-16，与尼采对前苏格拉底哲学家赫拉克利特的赞赏相呼应，后者就持有这种观点)。所以，如果相信某种事物是永恒存在的，那么这样的信念永远不可能在不断变化的实在中找到基础。实际上根本没有"事物"这种事物《人》-19，尼采反对唯物主义；古典原子论认为构成实在的基础成分是无限小的固体物质，但尼采并不赞同这一点。相反，他更偏爱耶稣会物理学家鲁杰尔·博斯科维奇 (Ruđer Bošković, 1711—1787) 的理论，即"原子"是能量的复合体 (见《善》-12)。即使是所谓数学和逻辑法则，其根源也是智识错误。在经验中，没有任何两个对象是真正相同的，所以数学概念的基础是一种错误——两个现象其实只是相似，但人们却假设它们是相同的，因此是可以计算的《人》-19。这样的错误具有生存价值。一个原始生物在寻找食物时，它发现了一些东西，与它之前的食物相似，它把这个东西直接吞了下去，没有停下来看看这东西是否真的和之前的食物是一样的；另一个生物停了下来，开始思考和比较，它可能就饿死了《快》-111。与之类似，我们自以为关于世界的大部分知识都包含一些能够维持生命的错误《快》-110；现在的人偏向于使用"虚构"这个词,但尼采的用词更具煽动性)。人类不断发展,到了一个相当晚的阶段时,才出现了寻找真理的冲动,这种冲动往往向我们揭示自己已经知道的或者能够知道的东西有多么少。例如,我们现在知道,"起因"这一概念并不能解释两个接续发生的事件之间的关系,它只能表达"只要A发生,B就会发生",但这并不意味着我们知道其中的原因(《快》-112)[15]。

难道我们所了解的所有知识都建立在虚假基础之上?难道真理无法获知或根本不存在?有的时候,尼采的确会这样说,尤其是在1873年的一篇文章中。近几十年来,这篇文章受到了广泛关注,不过,由于他本人并没有公开发表这篇文章,因而它在尼采著作中的地位还是值得怀疑的。它就是《论非道德含义的真理与谎言〈原文为单数〉》。正如之前所说,智识并不是一种不偏不倚的探究手段,而是一种生存机制。它会使用欺骗手段,就像动物会使用保护色一样。为了摆脱永不停息的战争,为了和平地生活在一起,人们共享一种语言,表达一套约定俗成的真理。但是,构成语言的文字其实只是一种神经刺激而已,这种神经刺激转化为图像,然后再转化为声音。如果用词语来表达笼统想法和概念,那么这些词语与任何原始经验之间的距离也就拉得更远了。语言永远不可能与"事物的本质"形成一一对应的关系；语言声称自己能够表达真理，但那真理只是"隐喻的机动队"，甚至数学也只是基于时间和空间的隐喻。无论是在语言中还是在我们的经验中，没有任何东西"本身就是真实的"，"事物的本质"从未在经验世界里出现过。

经常会有人认为，这篇文章是在彻底反对真理的可获得性[16]。其实，它只是在论证语言和经验无法通向"事物的本质"。在这里，尼采认为"真理"存在于某种超验领域里（事实上，这正是尼采所谴责的形而上幻象）。不过，在同一篇文章里他又拒绝了这种说法，他断言不存在超验的或绝对的真理。与我们对世界的感知相比，昆虫或鸟类对世界的感知不会更正确，也不会更不正确，所以问这个问题是没有意义的。判断感知正确与否的标准是不存在的，关于世界的绝对正确的知识也是不存在的。这段论证与文章其他部分之间存在矛盾之处。如果"真理"不但是不可得的，而且是不可设想的，那么宣讲我们的知识是错误的，这样做还有什么意义呢？[17]其实，正如尼采在其他地方说过的，我们已经拼凑出一个可以生活的世界；如果它的基本组成部分（因果关系、运动与静止等）无法得到证明，只能被当作信条来遵守，那么也没关系，因为生活本身并不是一场论证（《快》-121）。在由我们的感知与智识器官所限定的这个游戏规则（判断某事物在理性上是否具备可接受性的那一套标准）里，真理概念是完全合理的。我们只需要记住，以世界为话题的各种断言永远都无法声称自己是绝对真理，这些断言只是描述了一些可能性，有的断言可能性高，有的断言可能性低（《杂》-7）；知识之树"只结出可能性之果，而不结出真理之果"（《漫》-1）。尼采此处提出的观点如今已成为公认的科学与学术研究准则：得出一个结论，且在合理范围内不会对该结论产生怀疑，这种情况是可以被实现的。但是上述结论永远无法具有绝对的确定性，而且在原则上它总是可以被修正的。相应地，尼采经常谈到探求真理这个话题。他揭示宗教与哲学思想家的错误，代之以真理，或者说（其实本质上是一样的）代之以具有更大可能性的解释。

既然形而上学是幻象，那么人类就无法与任何"更高的世界"发生接触。也就是说，人类是自然的一部分，研究人类的时候也应该把它当作自然的一部分来进行考量，与此同时，我们对自然本身的理解也必须摆脱残存的形而上观念的影响。由于自然处于流变之中，因而既不存在不可毁灭的基本物质，也不存在哲学意义上的实体。自然也不受法则的约束："自然法则"只是一种拟人化说法，指的是事物发展的必然性。甚至可以说，"自然法则"这个词所代表的规律可能只适用于我们所在的这个宇宙的小角落:"世界的整体特征恰恰是永恒混沌。"(《快》-109)自然是没有目的的;人类的存在也没有目的或计划,这也是不言自明的。1882年,尼采明确提出了这些观点。在之后的十年里,他进一步探索这些话题,并更加强势地坚持自己的主张。

作为自然的一部分,人类与所有其他自然生灵一样,同样受到必然性的制约,进化就是这些必然性之一。在尼采所处的那个时代的德国,自然主义者早就接受了这样的观点:自然不是秩序,它无法摆脱时间的影响,它也受制于变化过程。在达尔文之前,最被广泛认可的有机体变化理论来自让-巴蒂斯特·拉马克(Jean-Baptiste Lamarck, 1744—1829)。他认为,有机体之所以发生变化,是为了在挑战重重的环境中满足自己的需求(比如,长颈鹿逐渐长出更长的脖子,这样才能吃到高树上的树叶)。经历了最初的犹豫之后,德国科学家们接受了达尔文的进化论,并认为它优于拉马克的进化论。笔记本中的记录显示,19世纪70年代初,尼采已经接受了达尔文主义(KSA-7-461[01])。他指出,尽管以猿猴为祖先这一想法伤害了现代人的自尊心,但过往某些文化曾经认为,以动物或树木为祖先是一件光荣的事(《朝》-31)。不过,尼

---

[01] 参见尼采遗稿1872年第19组第132节。——译者注

采并不同意达尔文主义的所有细节。他接受生存斗争这一观点,甚至赞同生物学家威廉·鲁(Wilhelm Roux, 1850—1924)的猜想:斗争不仅发生于生物体之间,还发生于生物体体内,器官、细胞甚至分子都在不停地斗争[18]。不过,这种斗争是没有目的的。达尔文的原则具有功利性,他认为生物变化的依据是其生存价值;但尼采却觉得上述原则受目的论原则的影响过深,而后者早就被自然科学拒之门外了[19]。在尼采看来,既然人类起源于咧着大嘴的猿猴,就不要再去夸耀自己的起源了;既然人类与蚂蚁或蠼螋一样,并不会走向更高级的存在形式,那么夸口命运如何也就是无稽之谈了《朝》-49。进化不一定是进步的,它也可能是退步的、衰退的。人类的发展可能会从猿到人,然后再退化到猿,此处所说的退化既包括生物学意义上的退化,也包括基督教造成的文化意义上的退化《人》-247。

"目的"只是我们向世界投射的众多概念之一。"机会"也是,"机会"与"目的"放在一起时才会产生意义。同样,无论是把宇宙表述为有机体或机器,还是用物质与实体这些概念来解释宇宙,都是不合理的。我们强加给自然的所有这些概念,只是老套过时的上帝信仰的余音《快》-109。我们需要摒弃这些概念,同时也要摒弃认为人类高于自然生物的那种想法。然后我们就能看到自然本来的样子，看到它从神性中解放出来的样子，我们也能把自己视为自然生物——生活在"纯粹的、新近发现、新近获得救赎的自然"里的生物(《快》-109)。尼采保留了"救赎"这个词所携带的净化、转化的含义，但他同时也拒绝了这个词的基督教基调：我们要把自己从基督教中救赎出来并走入自然。

道德观念分析

观察人类生活的时候，尼采把自己视为道德派作家，认为自己与那些宣讲道德的传教士完全不同(《漫》-19)。他追随法国重要道德派作家，对人类行为进行分析。尼采尤为欣赏拉罗什富科，认为他的表述言简意赅、用词精妙，在揭示人们行为背后的真正动机时也极富洞见性。例如，尼采引用过那句箴言："世人所称的美德不过是由激情形成的幻影，我们给这幻影起了一个可敬的名字，于是人们就能无所顾忌地去做自己想做的事了。"(《人》-36) 尼采坚持认为，有些人心胸狭窄，遇到自己不赞同的美德时，他们总想去驳斥，可道德派作家与他们不一样。事实上，面对人们那些看似普通的行为时，道德派作家不仅能揭示出其行为背后的复杂动机，还能巧妙剥离出无处不在的自欺欺人情绪《漫》-20)。

在分析道德时，尼采强调，道德信念并非客观评判标准，而是一脉相传的偏见。事情只能如此：任何社会，只要它想要持续下去，就必须依靠一套共同的原则；在人们眼里，这套原则是理所当然、无须讨论的，它作为传统习俗占有权威地位《人》-224)。尼采会越来越多地使用"习俗道德"这个词，用它来指代上述这种状态。他的意思是说，"习俗"才是"道德"的真正基础《朝》-9)。

尼采指出不同国家、不同时期的道德观念的多样性，于是拾起了启蒙运动的另一个主题。例如，在休谟看来，古希腊道德观高度重视男性与男性之间的爱情，现代法国的道德观对通奸持宽容态度，这两者都与英国的道德观有着很大的差别，所以能否建立起一套单一的道德标准，这可不好说[20]。尼采承认，世界上存在着各种各样的道德观，不同的道德观为同一事物安排的差等是不同的《人》-42)。例如，在如今的欧洲，重视感官享受、轻视健康的行为是不道德的，重视幸福、轻视自由的行为也是不道德的。不过，假设某个人受到了伤害，他不愿依靠法律制度来获得补救，而是想要亲手报复对方，人们会怎么想？我们会认为这种情况是不道德的。但是，一些早期文化却认为血亲复仇才是道德的。因此，"不道德"的行为往往意味着人们在遵守早期那些更野蛮、更粗陋的道德准则。

尼采在思考道德观念的时候，越来越重视"权力"这一主题。早些时候，在《人性的，太人性的》这本著作中，他追溯了"好"与"坏"的起源。他认为，这组概念来自拥有权力的统治阶级与没有权力的大批奴隶之间的关系。之后，他还会在《道德的谱系》第一篇中详细阐述奴隶主道德与奴隶道德之间的区别。不过，从此时的文字中我们已经能够看出未来那段著名论述的影子。"好"意味着权力——最重要的是，它意味着受到伤害之后再去报复的权力。对于拥有这种权力的人来说，"坏"就是软弱的、可鄙的、不敢报复的奴隶。然而，对于奴隶来说，压迫他们的人不只是坏的，而且在道德上是邪恶的；对于没有权力的人来说，所有权力无一例外地都被打上了极度邪恶的烙印《人》-45；参见《朝》-189）。

进一步思考时，尼采不再讨论压制他人的权力，而是将侧重点转移到主观权力感上。在他的描述里，这种感觉是幸福感的第一效应《朝》-356）。古希腊人高度重视这种感觉；对他们来说，权力之所以重要，首先是因为它是幸福的，而不是因为它能够为某个有用的目的服务，更不是因为它能提高自己的声誉《朝》-360）。在信奉基督教的欧洲，权力感来自拥有坚定的宗教观。如今，它来自金钱："满足权力渴望的方式已经改变,但那同一座火山仍在熊熊燃烧。"《朝》-204)在现代民主制度中,公众支持国家掌控权力并付诸行动,他们由此享受到一种具有替代性的权力感《朝》-189)。与其他任何事物相比时,权力带来的幸福感是最多的:"不是生理需要,不是肉体欲求——不是的,对权力的爱才是人心中的那股恶魔之力。"《朝》-262)

人们需要通过行动来享受并宣泄权力感,所以权力感是道德派作家所讨论的许多行为的基础。恶意和残忍行为的动机并不是想去伤害他人,而是想要享受我们自己的权力。伤害动物的孩子并没有意识到动物与玩具有何不同《人》-104);薛西斯这样的暴君离他的臣民太远了,所以也无法想象后者所承受的痛苦《人》-81)。不过,尼采几乎从来都不会从善意角度去解读动机:几页之前,他曾说,弱者会给心疼他的人施加压力,这就是他利用权力来伤害他人的方式。最后,作为这段警句的总结,尼采引用了法国浪漫主义作家普罗斯珀·梅里美(Prosper Mérimée)的一句话:"要知道,为了享受作恶所带来的快乐而作恶真是再常见不过的事。"[21]《人》-50)

之后,尼采描述了残忍在宗教发展中的关键地位。一个小群体,如果受到严格的道德约束,就能享受构造巧妙的残忍,并从中发现乐趣与美德。在人们的想象中,神灵以人类的苦难为乐，于是没过多久，人类自己也开始觉得他们应该接受苦难，甚至寻求苦难，并以这种行为来敬献神灵或上帝《朝》-18)。所以，尼采勾勒出"宗教即施虐受虐"这样一个理论：神灵要求崇拜者经受苦难，而崇拜者在迎接苦难的过程中也找到了成就感[22]。尼采在此处说，残忍提供的力量感才是最鲜美的。之后，他还会在《道德的谱系》中给出一句至暗无比的断言："看人受苦的感觉固然好，但让人受苦的感觉会更棒。"(《道》-2-6)

有人可能会说，同情心能够遏制通过折磨别人来提升自身权力感的那种冲动。可是，在分析同情心的时候，尼采的说法同样冷酷无情。与恶意一样，同情心的主要动机也是想要享受自身的权力，无论是帮助无权无势的人还是折磨他们，都能让权力感得到满足《人》-103)。"同情心"这个词的德语是"mitleid"，它的字面含义是"共同受苦"，其中存在误导成分。你牙痛，这是一件事，我因你牙痛而感到同情，这是另一件事，两者之间存在一条鸿沟。即使我真的为你的事而感到痛苦，我这同情行为的动机也是我想要把自己从自身痛苦中解脱出来，也就是说，我的同情出于自私《朝》-133)。只要有代替我们受苦的人，同情就是件坏事《朝》-134)。人们不应该去批评那些缺乏同情心、看似麻木的人：他不会抱怨自己的痛苦，所以才会对别人的抱怨缺乏耐心;他不喜欢被同情扰乱心境,因为这会威胁到他的男子气概和勇气。这种行为确实自私,但同情行为也好不到哪去(《朝》-133)。即使受苦的人是我们爱的人,但帮助他们时,我们也乐于接受他们的感谢(《朝》-138)。尼采曾赞许地提到过拉罗什富科对同情心的批判,后者认为这是理性之人应该避免的[23]。尼采对同情心的上述分析方式也许是令人生厌的,但它也是细致的,针对不同情况而区别对待,他并没有一味抨击同情心——那种情形在尼采后期作品中才会经常出现。

面对各种道德问题,尼采有一个总体思路,针对特定道德概念进行的分析就是以该思路为框架进行的。尼采承认,这个思路来自朋友保罗·雷写的《道德感的起源》,他还称赞后者是"最大胆、最冷静的思想家之一"[24](《人》-37)。和尼采一样,雷也以进化论为指导,在历史层面上仔细审视诸多道德观念:原始人重视对自己群体有用的行为,并认为这些行为是"好"的;"好"这个标签留了下来,但人们却忘了当初为什么把某种行为称为"好"[25]。任何行为,就其本身而言,都没有好或坏一说。

雷坚持认为,人受到自私冲动的支配。意志自由是一种幻象:他引用了从霍布斯到叔本华的一长串哲学家及其理论来支持这一主张。所有事件,无论思想还是感觉,无论来自动物还是来自人类，都是先前起因的结果。人类意志的每一个行为都具有必然性。因此，认为人们要对自己的行为负责，为此而指责他们或惩罚他们，这都是不对的。惩罚可以起到威慑作用，让他人感到恐惧，于是避免反社会行为；但是，如果把惩罚当作报复，就不会有任何收效，这是因为那个人除了犯罪之外别无其他选择。

1878年，尼采兴高采烈地接受了这些论证。尼采推崇强势决定论——或者引用威廉·詹姆斯（William James）的话：一种"硬性"决定论。尼采坚持认为，所有事情的发生都是必然的[26]。自然界的瀑布似乎向我们展示了一种随机运动，但是，一个全知全能的头脑可以用数学方法分析瀑布的所有运动原理并证明它的必然性《人》-106——很可惜，这个例子举得不太好。目前的混沌理论认为，许多现象都是无法预测的，水的运动便是其中之一）。人的意志不是自由的。在尼采看来，这种决定论并不是宿命论，这是因为"土耳其宿命论"将命运视为人类必须盲从的外来事物：但事实上，每个人都是他自己的命运，无论他做什么，都在抒写自己的命运《漫》-61）。如果想要进一步划分，就不应该将决定论分为不同类型，而应把对待决定论的不同态度划分为两种，即被动接受和积极肯定。这样做也许是为了解决决定论带来的那个明显问题：站在外界角度上，我可能是一个被动的客体，受决定论因果关系的影响；但站在内心角度上，我总觉得那大大小小的决定都是我自己做的，也是我自己付诸实施的。这两种视角似乎难以调和。决定论为意志概念制造了一些难题，而意志概念在尼采思想中扮演着越来越突出的角色。在之后一章中，我们将去看看他是如何解决那些难题的。

站在尼采硬性决定论的角度上看，责备和责任都是幻象。凶手只是受害者，加害他的是他自己所受的教育及其他客观情况；执行死刑时，人们把他当作一件工具，用他来威慑他人，让他们不要去实施谋杀行动。由此看来，死刑似乎比谋杀行为更糟糕《人》-70)。其实，我们应该像对待精神障碍患者一样，以仁慈和智慧来对待罪犯，给他们"换换空气"、换个社会、换份职业，不要让他们在悔恨中徒劳地折磨自我；至于那些憎恨自己、无可救药的犯人，就让他们去自杀吧《朝》-202)。

在更普遍的意义上，一旦我们理解了意志是不自由的，就能抛弃任何内疚感或罪恶感，于是便能从基督教强加给人类的苦难中解放出来。这条路将引领我们充满自信地肯定自我、享受尘世间的快乐，就像古希腊人那样。自我肯定将以幸福感为基础，不涉及任何道德因素。善与恶都将消失，这两个概念只是空想的、形而上的产物。在现实生活中，表面上的善与表面上的恶不停地相互转化，从科学角度来看,之所以会出现这样的过程,是因为"概念和感觉的化学"会消解所有看似对立的事物《人》-1)。"善行是经过改造并终被社会接受的恶行;恶行是沉沦、发蠢的善行"《人》-107),尼采由此打开了一个新的视角——"善恶的彼岸"。

国家与社会

尼采冷静地看待现代欧洲政治和社会,尤其是在《人性的,太人性的》中题为"国家一瞥"的这一部分里——其实他并不愿意讨论这个话题,在他看来,政治不值得智识出众之士的关注《朝》-179)。他看到,民主和平等的理想等观念已占上风,服从权威的情形正在消亡《人》-441)。政治家们不得不变身平民领袖[01]《人》-438)。领导者需要通过自身(或真实或表面)的意志力量来打动民众;为此,他自己也必须具备民众所特有的每一种基本品质——暴力、嫉妒、自负等《人》-460)。民众追求的最高理想就是舒适。人们总是

---

[01] 古希腊雅典虽然尊崇民主政治,宣扬权力属于全体公民,但在实际选举中,当选者大多是贵族。偶尔也会有一些来自平民阶层的人当选,即平民领袖。在当时的人看来,决策时,贵族阶层的领袖重视深思熟虑;平民阶层则更多依靠民众当下的情感与冲动。在古希腊时期,"平民领袖"一词并无褒贬含义。但随着语言的发展,该词逐渐被用来形容那些满嘴谎言、煽动或恐吓底层民众、不关心国家利益、一切决定只为满足自身权力欲求的政客。——译者注

宣扬人道主义，这种人道主义以同情心为基础，而尼采已经论证过，同情心是虚伪的《快》-338。

现代工业社会打着民主的幌子，重新"发明"了奴隶制。的确，拿工资的现代"奴隶"活得比传统奴隶社会的奴隶更艰难、更没安全感《人》-457。对不间断的辛勤劳动的崇拜从美洲蔓延到了欧洲，这意味着雇主也成了奴隶，他必须一刻不停地盯着钟表《快》-329。"谁在一天当中没有三分之二的时间属于自己，谁就是奴隶，无论他说自己是谁：政治家、商人、公务员、学者。"《人》-283 早期文化重视闲适 (otium,《人》-284)；如今，人们去度假的时候会以健康为说辞，甚至为此而道歉《快》-329。然而，疯狂工作是完全没有任何目的的，也完全没有带来任何乐趣。大多数人只是为了工资而工作，几乎没有人是因为真正喜欢这份工作而工作《快》-42。人们根本说不清为什么要把自己搞得那么累，他们已经被社会机制掌控了《人》-283。辛苦工作只能导致酒精依赖，尼采将酒精视为欧洲的毒药《快》-42，与此同时，欧洲还珍爱另一种精神麻醉品——基督教。如今，酒精和基督教正被出口到世界其他地方，加速了其他未开化人种的灭亡《快》-147。

19世纪的多位思想家都曾评论民主的概念，例如亚历克西·德·托克维尔 (Alexis de Tocqueville)、托马斯·卡莱尔

(Thomas Carlyle),还有尼采的同事雅各布·布克哈特。不过,尼采恐怕是其中最严厉的一位。与其他思想家一样,尼采发现,想要提出一个切实可行的解决方案可不容易[27]。社会主义不能算作答案,无论是革命社会主义还是其他流派的社会主义。有人认为,推翻当下社会秩序就能带来更好的社会秩序,但尼采不同意这一观点。他认为,这是一种荒谬的幻想。法国大革命已经证明了革命的徒劳无益。在"卢梭(Rousseau)那热情奔放的愚蠢行径和半真半假的话语"的激励下,"启蒙运动和进步发展的精神很久之前就已经被赶走了"《人》-463)。尼采更倾向于伏尔泰倡导的渐进主义;面对乐观革命精神,他喊出了"碾死那卑鄙货!"这个口号——这是伏尔泰与天主教会斗争时的战吼。

欧洲的危险不只在于社会主义,还在于民族主义。目前,有人正在特意鼓励民族主义,尤其是在德国(这就是1871年所建立的帝国的意识形态基础)。不过,这种民族主义终将被一次次的发展进步(如今的社会理论学家会将其称为"现代性")所打倒。关于这种发展进步,尼采是这样总结的:

> 贸易与工业,书信流通,一切高等文化的共通之处,人们更加迅速地改变自己的居住地点与周围环境,目前除土地所有者之外的所有人都过着居无定所的生

活——所有这些客观条件都会不可避免地削弱各个民族并导致其最终毁灭,至少是欧洲各民族的毁灭;最后,随着永不停息的种群杂育,从所有这些民族中,必将生出一个混合种族,这就是欧洲人的种族。《人》-475

该混合种族中一定有很大一块犹太成分。从犹太文化中不仅诞生出基督、斯宾诺莎和《圣经》,而且在黑暗的中世纪,犹太人坚守着"启蒙运动的旗帜"。正是有他们的贡献和保障,之后才出现了以理性和非神话角度理解世界的方式。"基督教竭尽全力,想让地中海西岸变得和东岸一样,而犹太教也几乎一直在那里,一次又一次地帮助地中海西岸重新西化:把那特定意义上所称的欧洲的任务和历史变成古希腊任务和历史的延续。"《人》-475

当尼采赞扬"优秀的欧洲人"时,他指的并不是国家间的相互理解;他说的那些人把欧洲身份看得比自己的民族更重要,而且正是在他们的帮助下,将会出现一个后民族时代的欧洲精英阶层。尼采还称赞过"自由精神",这些优秀的欧洲人与"自由精神"有许多相似之处。他们的任务是发展优秀的文化事业,为那遥远的一天做准备,届时优秀的欧洲人将承担起"领导并监督整个地球的文化"的任务《漫》-87。

欧洲曾经拥有开明的精神与精英主义，但却被基督教斩断，未来的它能否重新走上这条古代之路？回首古希腊人，尼采看到了希望——但不是在雅典的民主中，而是在其他许多古希腊城邦的暴君或独裁者身上。大多数时候，人们将他们的崛起归结为民主的败落。如果真是这样的话，就应当欢迎民主的败落，这是因为，那些暴君才是最早的具有独立性的个体，也是恺撒大帝等人的祖先，这种精神的最后一位传人就是拿破仑《快》-23。尽管尼采并没有在社会层面上为欧洲的未来画出一份蓝图，但他指出，雇主都是些毫无个性的无名小卒，所以产业工人才会蔑视他们，正是这种蔑视鼓励了社会主义的发展；但另一方面，士兵们却会尊敬并钦佩他们的指挥官。如果工人们觉得雇主出身高贵、有资格去统治他们，那么他们也会欣然服从《快》-40。

在这里，尼采引入了"高贵"一词。这个德语词的含义是"贵族的""高贵的"，它更多的是在形容举止，而不是说出身。本书会把它翻译为"高贵"。高贵的品质来自世代的优秀教育。它会表现在举止上：高贵的人不会靠在椅子上，而是钉子般地坐直身体《朝》-201。它也体现在精神层面上的高人一等：即使处于困难情况中，高贵的人也会保持愉快和礼貌。高贵的人明显能够掌控自己，所以也能掌控他人。谈及高贵特质的时候，尼采特别提到了17世纪法国的贵族文化。在古希腊人身上，他也看到了这种高贵特质，而且他认为古希腊人的高贵特质在形式上更加明显，这是因为古希腊人所鄙视的体力劳动都由奴隶来完成，身为古希腊统治阶级的精英们总是能够清楚看到自己与奴隶阶层之间的这种鲜明对比《快》-18）。

然而，被尼采称为"具有自由精神"的那些人也能实现某种程度的高贵。这样的人对自己有信心，知道自己永远不会去做任何可耻的事，也不会谴责任何自然冲动、把它们视为邪恶《快》-294）。他们已经克服了所有传统偏见。他们跟随智识去探究：它去哪里，他们就跟到哪里。他们满足于谦逊的生活方式，不愿为广大世界所知。他们的生活和思考方式展露出一种"优化后的英雄主义"《人》-291）。自由精神欢迎阳光（知识之光）："无论我们来到哪里，身边永远是自由和阳光。"《快》-294) 可惜呀，正如尼采在1886年版《人性的，太人性的》前言中说的，"自由精神"还只是一种理想。写下《人性的，太人性的》这本书的时候，他痛苦地意识到自己的孤独，于是便有了这些假想的朋友，让他们围绕在自己身边《人》-前言-2。

不过，在这篇前言里，尼采断言，自由精神将会在未来出现。他勾勒出了具有自由精神的人们的心理画像，认为他们是"崇高杰出之人"《人》-前言-3。起初，这种人在天性上之所以高人一等，是因为他们重视传统，这些传统能够给他们带来敬畏感和责任感。将自己从传统束缚中解脱出来之后，他们会感受到一种突然的冲击、一种向往自由的猛烈冲动。具自由精神者必须忍受多年的孤独，但他们会逐渐恢复力量，而且会遵照自己那尽职尽责的天性，接受未来交给他们的新任务：对事物价值高低做出判断，以此来指导自己的人生。无论是自由精神还是贵族精神，都要在未来才能成形。所以，从那本先知式的《查拉图斯特拉如是说》开始，尼采之后的著作将会以阐述未来作为重心。

第4章　先知

尼采天生喜欢孤单一人，但喜欢孤单生活的人也会感到孤独。他曾给那位母亲般的朋友马尔维达·冯·梅森布克写信说，尽管他运气很好，有很多朋友，但他也需要一个"好妻子"(1874年10月25日)。随着健康状况越来越差，他也越来越希望这样一个人能够成为他的护士兼秘书。

1876年4月短居日内瓦期间，尼采曾去拜访多年前结识的指挥家雨果·冯·森格尔 (Hugo von Senger)。二人见面时，森格尔的两个妹妹也在场，姐妹二人来自里加(当时属于俄罗斯帝国)，正在哥哥那里学习音乐。尼采立刻对23岁的玛蒂尔德·特拉姆佩达 (Mathilde Trampedach) 产生了好感。见过三次面之后，他写信给她，请求她做他的妻子(1876年4月11日)，还要求在第二天早上火车离开日内瓦之前得到答复。他当时根本不知道，特拉姆佩达正在暗恋森格尔，两人将于1879年结婚。当然，特拉姆佩达委婉地拒绝了尼采，而尼采似乎也没有受到什么沉重打击。梅森布克喜欢做媒，在她的帮助下，尼采继续考虑新的对象，其中包括梅森布克之前的学生娜塔莉·赫尔岑 (Natalie Herzen)。不过，后者断然拒绝了尼采。人们不禁要问尼采的娶妻计划到底有多认真，毕竟他自己也曾写道他只能考虑结婚两年(1882年3月21日致雷)。

后来，1882年，尼采遇到了一个让他难以自拔的人(巧了，她也来自俄罗斯)：**露易丝·冯·萨洛梅**(Louise von Salomé, 1861—1937)。人们总是管她叫"露"(Lou)。她是俄罗斯帝国一位将军的女儿[1]，从小就学会了德语和法语(父亲这边祖上都是胡格诺派，说法语)，将两种语言说得比俄语还好。十几岁时，她就抛弃了基督教信仰。遇到尼采的时候，她已是极有智识、内省、好学、思想独立的年轻女性。1879—1880年，她由母亲陪伴，在苏黎世住了一年，常去大学听哲学和宗教史课。由于身体突然出现问题，1882年初，母亲带她前往意大利。她和梅森布克因某位共同的朋友相识。梅森布克毕生致力于女性教育，此时已经建立起了一个由年轻知识女性组成的团体。1882年3月17日，保罗·雷来给这个小团体讲课。露立刻被他打动了，两人成了密友。当时，尼采也正在意大利旅行，于是雷敦促他快点来罗马，来见见这个迷人的"俄罗斯女人"。

1882年4月下旬，尼采抵达罗马。露在回忆录中讲述了他们的第一次见面，尤为强调尼采的那种仪式感：

> 我记得他的那种仪式感，从我们第一次见面起他就是如此。那是在圣伯多禄大殿[01]。当时，保罗·雷找

---

[01] 天主教会称其为圣伯多禄大殿，也叫圣彼得大教堂。——译者注

到了一个光线特别好的告解亭,热切虔诚地投入了自己的工作笔记,所以尼采也被引到这里。他先向我打招呼,说了这样一句话:"我们是从哪颗星星上坠落并在此相遇的呢?"[2]

尼采相信她就是自己的灵魂伴侣,相信两人因激烈的、非传统的智识以及共同的疾病经历而连在一起。她的诗《致痛苦》让他感动得热泪盈眶:"它听起来的感觉就像是一道话音,我自童年起就一直在等待的话音。"(1882年7月13日致科塞利茨)他渴望成为她的老师,并通过她将自己的智识财富传给后人。不过,尼采向她求婚时,她拒绝了,之前面对雷的求婚时她也是如此。

三人试图忘掉这情绪上的紧张气氛,结成了一个智识小组。1882年夏天,他们从罗马来到意大利北部湖区,然后继续北上,前往卢塞恩。在马焦雷湖畔斯特雷萨附近的奥尔塔(Orta),露和尼采一起登上了圣山(Sacro Monte)。无论那里发生了什么(或没有发生什么),对尼采来说,那时都是一个非常特别的时刻。下山的时候,他平静地对露说:"感谢你给了我生命中最甜美的梦。"[3]不过,雷对此起了疑心,开始嫉妒。在卢塞恩的时候,尼采坚持认为三人应该去照相店合张影。在这张著名照片里,尼采和雷拉着一辆小车，露坐在上面，手里拿着条鞭子。雷极度厌恶照相，从照片中能看出他的不情愿情绪相当明显。

三人来到拜罗伊特，见到了瓦格纳夫妇和伊丽莎白·尼采。这时，气氛变得紧张起来。露很天真，她觉得伊丽莎白像是自己的亲姐妹；可伊丽莎白呢，一方面她对心爱的哥哥有很强的占有欲，另一方面她又无法理解哥哥和露的智识追求，于是把露当作危险的对手，认为露与尼采调情，是个既无道德也不负责任的人。1882年8月的大部分时间里，尼采、伊丽莎白和露都是在吉纳城外的陶腾堡村度过的。伊丽莎白常与露争吵。尼采写道，每隔五天，他和露就会来"一段小小的悲剧"(1882年8月20日致科塞利茨)。同年10月，尼采、露和雷在莱比锡会面。尽管三个人都觉得这个小团体越来越脆弱，但他们仍然在做一些模糊的计划，想在巴黎重新聚会。尼采还写信给一位巴黎友人，请他帮忙安排住宿。然而，11月5日，雷和露一起离开了莱比锡，尼采很快就意识到，三人小组永远解散了。之后，他再也没有见过雷和露。

尼采曾认为露与自己的理想对象形象如此契合，所以他此时遭受的打击也是极为沉重的。这种时候，只能一个人去慢慢恢复情绪，甚至终身也无法恢复。更糟糕的是，生活中他孤单一人，所以有大把时间翻来覆去地想这件事，几近痴狂。慢慢地，他意识到：伊丽莎白在操纵他，她想打消他对露的喜爱之情；雷在诽谤他，他想让露远离他；而露本人似乎也不是尼采想象中那个光芒四射、拥有自由精神的女性，而是——他给雷的哥哥写了一封信，内容相当可怕，说露是"一个干瘪的、肮脏的、散发着邪恶气息的母猿猴，还带着假乳房"（1883年7月中旬致格奥尔格·雷）。在那段时间里，他与母亲和妹妹也疏远了。1883年7月中旬，他曾写信给善解人意的伊达·奥弗贝克："我觉得，我所承受的这些足以让一个普通人轻生，我所承受的是正常人能承受的量的五倍；而且它还没有结束。"

不过，1883年8月29日他给妹妹写了一封信，从信中可以看出，经过几个月的书信谩骂之后，他已经构建出了一套叙事框架，能够接受露和雷的这段往事了。露和雷与他完全不同，但他们至少"有自己的思想，而不是那种人云亦云的人；所以我能和他们相处，无论他们如何冒犯我的品位"。然而，他们令他偏离了自己真正的道路，现在，疾病又把他拽了回来，"我所遭受的身体痛苦的全部意义在于，只有这些痛苦才能把我从错误的人生规划中拉回来，那错误规划比正确的差得远呢"。他年轻时的老师——叔本华与瓦格纳——也是如此，他们的重要影响都只是短暂的。那时，他们让他看到了一种理想，但正是这理想，如今让那两位老师显得有些多余了。他继续说，新书《查拉图斯特拉如是说》就记录了他克服过往影响的过程："我那本《查拉图斯特拉如是说》中的每一个字都是胜利之后的嘲讽之语，而且，它的嘲讽对象绝不仅是那个时代的理想；几乎每一个字的背后都有一段个人经历，一段一流的克服自我的经历。"(1883年8月29日) 根据这封信，我们可能会把《查拉图斯特拉如是说》想成一份披着嘲讽之言伪装的个人忏悔录。毫无疑问，书中一部分内容的确有个人忏悔色彩，但是，它主要还是一部抒情的、富有戏剧性的哲学作品，它已经脱离了作者本人经历，能够与读者直接交流。

《查拉图斯特拉如是说》

尼采与露和雷之间的决裂堪称灾难。1882年11月，尼采去了意大利拉帕洛 (Rapallo)。1883年2月1日，他给科塞利茨写信，说自己写了一本小书，把那些不良情绪都宣泄出去了："我挪开了压在灵魂上的那块重石。"他说的这本书就是《查拉图斯特拉如是说》的第一部，尼采声称自己只用十天就写完了。后来，在《瞧！这个人》中，他又说第二部和第三部也是各用十天就写完了。1883年8月至1884年4月间，这三部陆续成书并出版。1884—1885年的那个冬天，他写了第四部，只印了40本，其中九本送给了朋友。

先知查拉图斯特拉（Zarathustra）是以古波斯祆教创始人琐罗亚斯德（Zoroaster）命名的。祆教徒崇拜太阳，而查拉图斯特拉也感到自己与太阳之间存在着一种特殊的亲和关系（《查》-序言-1）。此外，他也具有佛陀的特质，在演讲语言方面则相当倚重路德的《圣经》译本——作为路德派神职人员的儿子，尼采一定相当熟悉它。

本书情节极少。查拉图斯特拉在30岁时离开了自己的家乡，退居到山中一个洞穴里。在那里，他与一只鹰和一条蛇为伴，度过了十年。之后，他下山，来到了一个名叫花斑母牛的小镇（"花斑母牛"是"kalmasadalmya"这个词的意译，据说这是佛祖曾经到访过的一个小镇）[4]。不过，在那里，没有人听他的演说，于是他回到自己的山洞，在那里又住了几年，之后再次下山，坐船来到了他朋友和弟子们居住的幸福岛[5]。在那里布道之后，他决心重返山洞，于是又登上了船，间接经花斑母牛镇回到洞穴。在洞穴里，他病倒了，由动物们照顾着。又过了很久，查拉图斯特拉生出了白发。然后，在第四部分里,一些奇怪的人物拜访了他,包括两位国王、最后一位教宗和"极丑的人",他们统称为"最高的人"。可惜,他们的意识也在倒退,沦落到信仰宗教去崇拜一头驴,可见他们还没有准备好,无法接受查拉图斯特拉的启示。一头狮子出现时,所有人都逃跑了,而查拉图斯特拉则向它致意,把它当作一个信号,说明时机成熟,已经可以重新开始任务了,前景一定会更好。叙述到此结束。尼采曾有计划继续写第五部和第六部,但从未落实。

这本书真正的情节是描绘主人公的心理活动,包括查拉图斯特拉为克服失望和绝望所做的多次斗争。幸福岛布道部分穿插了三个抒情段落。在"夜歌"中,他感叹到,自己对人类爱之深,这就意味着他总是在付出,从来没有收获。在"舞蹈之歌"中,他与弟子们看到几个女孩在草地上跳舞,于是他为她们唱了一首赞歌,赞美生命和智慧两个女性形象,不过事后他仍然感到伤心。他沉浸在这种情绪中,起航驶向坟墓之岛。在那里,他反思了自己许多失望的情绪以及敌人强加给他的挫折感。尽管如此,他仍然拥有不屈不挠的意志,于是他总结道:"万岁,我的意志!只有在有坟墓的地方,才有复活。"[01]

---

[01] 摘自尼采:《查拉图斯特拉如是说》,钱春绮译,东方出版中心,2021年,第146页。——译者注

战胜绝望之后,下一节当然是"超越自己"。生命把秘密告诉了查拉图斯特拉:"瞧,自己必须不断超越自己者,就是我。"01

查拉图斯特拉必须经历进一步的考验。在第二部结尾,他的自知之明告诉他,他还不够成熟,无法实现自己的理想("最寂静的时刻",《查》-2-22)。他痛哭流涕,离开了门徒,回到家中。到达后不久,他就被一种"深渊的思想"("违背意愿的幸福",《查》-3-3)征服了:他晕倒了,躺了一段时间,好像死了一样,七天里无依无靠。当他恢复后,照料他的那些动物告诉他,他注定要成为"永远回归的教师";这个学说——之后我们会看到,这里问题极大——大概就是让他俯首称臣的"深渊的思想"⁶。

查拉图斯特拉的说教

通过尼采那些更具传统性的著作,我们可以分辨出查拉图斯特拉的许多学说。至于他的门徒对这些学说有何看法,我们无从得知,因为他们从未作为个体出现过。只在极少数情况下,查拉图斯特拉才会与他人互动。这本书的

---

01 摘自尼采:《查拉图斯特拉如是说》,钱春绮译,东方出版中心,2021年,第150页。——译者注

大部分内容都是他的预言性独白。可以料想,他一定站在基督教价值观的对立面上。基督教把邪恶归咎于人想吃知识之树的果子,而查拉图斯特拉则赞扬知识;所以,他的忠实伙伴也包括"知识之蛇"("赠予的道德",《查》-1-22-1)。查拉图斯特拉对人类充满了爱——"我的性急的爱泛滥成许多条河流倾泻而下"[01]("拿着镜子的小孩",《查》-2-1),但查拉图斯特拉的爱不是基督教所说的爱:它的对象不是当今人类,而是人类可能成为的样子。他那"赠予的道德"是富于挑战的、苛刻的、危险的("赠予的道德",《查》-1-22-1)。基督教灌输爱邻人思想,而查拉图斯特拉则主张爱远人(Fernsten-Liebe, "远人?",《查》-1-16):他希望人们超越现在去想象人类的未来。同样,人们也应当超越短视的爱国情怀去爱未来"孩子们的国土"("文化之国",《查》-2-14)。基督教主张宽恕自己的敌人,但这样做会使敌人感到羞耻;相反,查拉图斯特拉认为一个人应该表示出敌人对自己做的是好事("毒蛇的咬伤",《查》-1-19)[7]。基督教谴责"肉欲、统治欲、自私自利",但查拉图斯特拉却以此为豪("三件恶行",《查》-3-10)。只有思想肮脏者才不赞成肉欲,肉欲是幸福的源泉。对于试图改正人类的统治者来说,统治欲是必要的。而查拉图斯特拉所说的"赠

---

[01] 摘自尼采:《查拉图斯特拉如是说》,钱春绮译,东方出版中心,2021年,第104页。——译者注

予的道德"与"从强大的灵魂中涌出的完好、健康的自私自利"[01]是相容的。当查拉图斯特拉的说教被大众接受的时候,所有这些品德也会得到应有的承认:查拉图斯特拉预言,无论是此处还是在其他地方,都会出现"伟大的正午时刻",在那个时刻,尼采先前所说的"知识的阳光"(《漫》-前言)将赶走所有阴影。

除了基督教价值观之外,查拉图斯特拉还谴责了尼采不喜欢的19世纪的多种倾向。他谴责国家是"新的偶像",它取代了人民和民族,它的存在只是为了满足"多余的人"的野心("新的偶像",《查》-1-11)。国家鼓励"死亡的说教者",它们表面上宣扬平等,实际上是要嫉妒和报复,所以在后来的篇章中,它们被比喻成塔兰图拉毒蛛("塔兰图拉毒蛛",《查》-2-7)[8]。19世纪,人们在文化修养方面的理想是借学习历史兼收并蓄,从过往文化中汲取养分,但尼采却嘲笑它,将它视为没有实质的花里胡哨内容,说它就像稻草人身上的那些破布:"谁要是剥去你们的面罩、外罩、涂料和手势:剩下的部分正像那种用来吓鸟的稻草人。"[02] ("文化之国",《查》-2-14)

---

[01] 摘自尼采:《查拉图斯特拉如是说》,钱春绮译,东方出版中心,2021年,第253页。——译者注

[02] 摘自尼采:《查拉图斯特拉如是说》,钱春绮译,东方出版中心,2021年,第157页。——译者注

查拉图斯特拉论女性

对于女性,查拉图斯特拉立场鲜明。由于尼采在其他地方也表达过不赞同女性参与革命的看法,与查拉图斯特拉的看法一致,因而最好在这里谈一谈尼采与女性主义问题。查拉图斯特拉与人对话次数不多,其中一次是与一个老太太。她最后告诉查拉图斯特拉"一个小小的真理",即那句臭名昭著的话:"你到女人那里去?别忘带上你的鞭子!"[01]("年老的和年轻的女人",《查》-1-18) 一些读者将尼采视为主张女性解放的作家,所以他们极力想从这句话中读出另一个含义,想从他的著作中找到支持女性主义的话语[9]。然而,他的话语明确无误:女人天生是男人的附属品,也应当继续臣服于男人。一位"智者"说:"男人的本性是意志,女人的本性是顺从,这就是两性的法则。真的!这个法则对女人来说可够狠的!"[02](《快》-68)。从19世纪80年代初开始,上文中那一点点的同情消失了,尼采的厌女情结变得更加强硬。查拉图斯特拉告诉老妇人(她也同意这一观点):"男人的幸福是'我想要'。女人的幸福是'他想

---

[01] 摘自尼采:《查拉图斯特拉如是说》,钱春绮译,东方出版中心,2021年,第83页。——译者注

[02] 摘自尼采:《快乐的科学》,黄明嘉译,华东师范大学出版社,2007年,第138页。有改动。——译者注

要'。"⁰¹女人是个谜,但她们的所有问题都可以通过怀孕来解决。在她们眼里,男人只是辅助生孩子的工具。对男人来说,女人是危险的玩物。男人情感很深,女人情感很浅(《快》-60至72)。

在其他著作中,尼采在阐释19世纪社会时也运用了这一观点。女人的任务就是让男人活得更轻松一些,女性解放只会让她们难以胜任这一职能。需要让她们害怕男人,这样才能压制她们(《善》-232)。古希腊人和地中海东岸文明把女人视为财产,把她们锁起来,这种想法是正确的(《善》-238)。如今,女人有机会接受教育,甚至能够阅读报纸、谈论政治,此时的她们正在失去自己的女性气质(《善》-239)。追求学识的女人一般都有性方面的问题(《善》-144)。乔治·艾略特(尼采对她作品的了解仅限于他人的引用)是一个未能摆脱基督教道德的"小道德女"(《偶》-漫游-5)。乔治·桑(George Sand)是一头令人难以忍受、自命不凡、自我满足的"写作的母牛"(Schreibe-Kuh,《偶》-漫游-6),受到了卢梭的不良影响。

考虑到尼采曾与几位智识女性有过亲密的友谊关系,他著作中的这些极端厌女情结就越发令人惊讶了。之前

---

01 摘自尼采:《查拉图斯特拉如是说》,钱春绮译,东方出版中心,2021年,第82页。——译者注

我们已经介绍过，他与女性主义者马尔维达·冯·梅森布克之间的关系既温暖又亲切。尼采的几位女性朋友，包括露·冯·萨洛梅在内，都曾在苏黎世学习，因为当时的德国大学仍然不接受女性进入。1875年，尼采也曾投票赞成保守的巴塞尔大学接受女性，尽管该提案以4票对6票被否决了。在他的朋友中，蕾莎·冯·席尔恩霍夫 (Resa von Schirnhofer, 1855—1948) 和梅塔·冯·萨利斯 (Meta von Salis, 1855—1929) 都获得了哲学博士学位，海伦妮·冯·德鲁斯科维茨 (Helene von Druskowitz, 1856—1918) 的博士论文是关于拜伦的[10]。直率的德鲁斯科维茨是唯一在著作中挑战尼采观点的人；尼采很不高兴，称她为"小文学鹅"(1887年9月17日致卡尔·施皮特勒)。1885年，尼采在给妹妹的信中写道，苏黎世的女大学生们逐渐发现他反对女性解放，于是把怒火都向他发泄 (1885年5月7日)。不过，梅塔·冯·萨利斯曾写道，尼采经常谈论那些表现突出的女性。在他给她的最后一封 (理智时期的) 信中，他告诉她，俄罗斯女数学家索菲娅·科瓦列夫斯卡娅 (Sofya Kovalevskaya, 1850—1891) 获得了巴黎学院的数学最高奖 (1888年12月29日)。认识尼采的所有人都说，尼采本人对待女人时从来都是既礼貌又体贴的。

尼采的个人行为与其著作中的厌女情结差异很大，

令人费解。被露·冯·萨洛梅拒绝这件事恐怕并不是全部原因。关于鞭子的那句话是很难解释通的,尼采和雷拉车、露在车上挥舞鞭子的那张照片一定与它有些关系。有人曾经尝试从好的方向去解读那句臭名昭著的话:尼采妹妹说,这与一个私人笑话有关,来自屠格涅夫小说《初恋》中的一个情节,1882年时她曾给尼采朗读过那个故事;而其他人则认为,整个段落都是自我讽刺,或者像照片中那样,鞭子可能是属于女人的[11]。看来,尽管尼采有女性朋友,但在他的书桌上,他仍将不断发展的女性运动视为19世纪走向堕落的又一个迹象,并为此而痛惜不已[12]。

上帝死后

平等、女性主义、社会主义、民主、服从于国家:查拉图斯特拉预见,如果这些情况继续下去,那么人类将衰落为"末等人"——这些人除了追求舒适、躲避痛苦之外再无其他理想,他们认为自己发明了幸福《查》-序言-5)。和查拉图斯特拉一样,"末等人"也居住在后基督教的世界里。上帝死后,他们还活着。唯一还没有听到上帝死亡消息的,是查拉图斯特拉在森林深处遇到的一位虔诚的老隐士（《查》-序言-2）。不过，"末等人"抛弃基督教理想之后，并没有找到其他任何理想。19世纪，人们追求政治平等和物质享受，这些"末等人"就代表了这一思路的极端形式。"人人都想要平等，人人都平等：没有同感的人，自动进疯人院。"[01]（《查》-序言-5）

查拉图斯特拉从"上帝之死"中得出的结论与之不同：不仅没有上帝，也没有"不同的世界"，眼前这个世界的背后并没有以某种方式潜伏着的超验的世界。查拉图斯特拉将那个超验的世界称为"背后世界"，把它的信徒称为"背后世界论者"（《查》-1-3：这两个词是近音词，后者的意思是"偏远地方的人"）。背后世界论者鄙视眼前这个世界、鄙视肉体，他们假装现世的苦难会带来彼世的幸福，但他们才是"调制毒药"的人，是"蔑视生命者"。查拉图斯特拉反复热切地叮嘱他的追随者们："忠于大地吧，不要相信那些跟你们侈谈超脱尘世的希望的人！"[02]（《查》-序言-3；参见《查》-1-22）。

基督教认为，现世之后还有下一个世界，下一个世界优于现世，但查拉图斯特拉不同意这一主张，此外他也不

---

[01] 摘自尼采：《查拉图斯特拉如是说》，钱春绮译，东方出版中心，2021年，第16页。——译者注

[02] 摘自尼采：《查拉图斯特拉如是说》，钱春绮译，东方出版中心，2021年，第10页。——译者注

认为我们的灵魂优于肉体。这种将一个人分割为灵魂和身体的说法是幼稚的："可是觉醒者和有识之士说：'我全是肉体，其他什么也不是；灵魂不过是对肉体方面的某物而言罢了。'"[01]（《查》-1-4）。查拉图斯特拉还说，在某些人的想象里，"理性"(Vernunft)是一种独特的能力，它藏于头脑之中，指挥着无意识的肉体，但这种想法也是错误的：

> 肉体是一个大的理性，是具有单一含义的多元，是一场战争也是一次和平，是一群家畜也是一个牧人。
>
> 我的弟兄，你称之为精神的你的小的理性也是你的肉体的工具，你的大的理性的小工具和玩具。[02]
>
> （《查》-1-4）

肉体比精神或头脑更了解什么才对自己有益。服从肉体命令就能确保身体健康，而身体健康是所有其他福祉的基础。《查拉图斯特拉如是说》如此强调肉体的作

01　摘自尼采：《查拉图斯特拉如是说》，钱春绮译，东方出版中心，2021年，第37页。——译者注

02　摘自尼采：《查拉图斯特拉如是说》，钱春绮译，东方出版中心，2021年，第37页。有改动。——译者注

用,这一点也让我们想到,该书作者曾经历过长期病痛,他必须仔细监测自己的饮食,而且对气候的极端敏感也迫使他在欧洲各地旅行。这本书只是一个开始,在之后的著作中,尼采更加重视生理学,堪称痴狂。所以他才会在《偶像的黄昏》中提出,文化所需要的,首先是对身体的培养:

> 对于民族命运、人类命运而言,关键在于从正确的位置开始文化——不是从"灵魂"开始(教士和类似教士的人就会有这种注定失败的迷信):正确的位置是肉体、举止、饮食安排、生理学,剩下的自会跟上……正因为如此,古希腊人一直都是历史上文化事件的巅峰——他们知道,也会去做必须做的事;蔑视肉体的基督教是迄今为止人类的最大不幸。《偶》-漫游-47)

基督教将有关另一个世界的幻想以及苦修者般的自愿自残强加给我们,但查拉图斯特拉则敦促我们摆脱这些影响。我们应当用肉体来体验并欣赏这个实际的世界。查拉图斯特拉主张用笑声和舞蹈来取代宗教带来的阴郁。他眼中的魔鬼是"重压之魔",它禁止人们爱自己,而且它还劝诫人们,说生活是一种负担《查》-3-11)。查拉图斯特拉的回应是赞美体能运动，运动时肉体会变轻盈，运动的理想巅峰就是飞行："这是我的教导：想要学飞的人，他必须首先学习站立、行走、奔跑、攀登和舞蹈——人不能一飞就能学会飞行。"[01]《查》-3-11-2)

查拉图斯特拉最热情宣扬的理想就是对生命的肯定。他把这种肯定与太阳和天空联系在一起。他是这样呼唤太阳和天空的："哦，我头上的天空，你，纯净的天空！深深的天空！你，光的深渊！"[02]《查》-3-4) 这种肯定并不简单，为此他承受了许多痛苦："我开始祝福，开始说'是'：我曾经搏斗了很久，我曾经是一个摔跤手，这都是为了有一天我能松开双手、开始祝福。"《查》-3-4) 学会了祝福之后，他也懂得最高的活动是创造。创造者乃是"创造人类的目标，给大地赋予它的意义和它的未来的人：只有这种人才能创造出善的和恶的事物"[03]《查》-3-12-2)。

《查拉图斯特拉如是说》的语言充满诗意、不同凡响，如果用哲学论述的方式来概括这本书，那么必定会

---

01 摘自尼采：《查拉图斯特拉如是说》，钱春绮译，东方出版中心，2021年，第260—261页。——译者注

02 摘自尼采：《查拉图斯特拉如是说》，钱春绮译，东方出版中心，2021年，第216页。——译者注

03 摘自尼采：《查拉图斯特拉如是说》，钱春绮译，东方出版中心，2021年，第263页。——译者注

平淡无奇，令书中内容失色不少。不过，还是要试着来概述一下的，这是因为在《查拉图斯特拉如是说》中尼采提出了三个概念，学界通常认为这三个概念就是他后期哲学的核心。它们分别是超人(Übermensch)、永远回归和权力意志。

超人

为尘世生活赋予意义和目的的时候，这意义和目的并不需要到超验领域中去寻找。查拉图斯特拉认为，生命的意义和目的当以超人为中心[13]。

> 我教你们何谓超人。人是应被超越的某种东西。你们为了超越自己，干过什么呢？（……）猿猴在人的眼中是什么呢？乃是让我们感到好笑或是感到痛苦的耻辱的对象。在超人眼中，人也应当是这样：一种好笑的东西或者是痛苦的耻辱[01]。（《查》-序言-3）

如今的人类代表从动物到超人的过渡，是"联结在动

---

01 摘自尼采：《查拉图斯特拉如是说》，钱春绮译，东方出版中心，2021年，第9页。——译者注

物与超人之间的一条绳索"(《查》-序言-4)。人类从蠕虫和猿猴发展而来,我们身上的许多东西仍然让人联想到猿猴,这情形令人尴尬。

这些发展过程似乎暗示超人代表了未来的进化阶段。正如我们在上一章中所讨论的,尽管尼采对达尔文的说法持有许多保留意见,但他完全接受进化论。我们是否可以这样认为:查拉图斯特拉预言未来会出现一个超级种族?之后,在《瞧!这个人》这本书中,尼采愤然否认了这种说法,他认为超人与达尔文主义之间不存在任何关系(《瞧》-书-1)。在那本书里,他解释说,超人是极其健康的人类类型("Typus höchster Wohlgeratenheit")。

鉴于尼采对人的个体的重视,他不可能将人类视为一个逐渐向更优种族进化的整体。他所说的超人更有可能是高度发达的个体,他们共同组成了一个精英阶层[14]。关于超人,他给我们提供了两套说法,这两套说法恐怕无法完全相容;它们可能是同一事物的两个方面。超人将是19世纪堕落的人类的对立面。他与民主性的群居动物不同,他将是个体的。他将是健康的,完全没有由基督教植入的那种病症。他将是高贵的、慷慨的。他可能会经历"精神的三段变化",也就是查拉图斯特拉之前那段令人难忘的讲话。坚强的精神起初像一头骆驼,急于承担重担,然后它转化为狮子；狮子和骆驼一样，居住在沙漠里，但它有攻击性，所以能够对抗巨龙（道德强制的化身）的"你应当"。狮子的座右铭是"我要"；它不服从外部法律或命令，而是利用自己的自由来创造属于自己的价值观。打败了巨龙之后，狮子变成了一个孩子——一个纯洁的、超越了善恶的生命，他富于创造性地玩耍，他所做的就是尼采之后所说的"生成的纯洁"《偶》-谬误-8，而且，他也肯定生命："是的，为了称作创造的这种游戏，我的弟兄们，需要一次神圣的说'是'：这时，精神想要有它自己的意志，丧失世界者会获得它自己的世界。"[01]《查》-1-1) 读到这里，人们就明白尼采为什么会以如此迷人的方式来诠释超人这个概念，说他是"已经克服了自己的动物天性、归置了自己的混乱激情、升华了自己的冲动"的人[15]。从这个角度上说，尼采的偶像之一歌德已经是超人的前驱，"一个已经走向了自由的精神"，尽管还不是彻底的自由精神《偶》-漫游-49。

不过，超人还具有其他一些属性，与下面这些属性相比，上面的描述似乎更容易让人接受。超人将是男性化的，他喜欢战争《快》-362。古代世界里的那些暴君——

---

[01] 摘自尼采：《查拉图斯特拉如是说》，钱春绮译，东方出版中心，2021年，第27页。有改动。——译者注

亚历山大大帝(Alexandros)、亚西比德(Alkibiades)、尤利乌斯·恺撒(Julius Caesar)——都是超人的先驱，他们是最早的个体《快》-23）。在布克哈特的《意大利文艺复兴时期的文化》中，尼采还找到了更多的典范。在布克哈特笔下，文艺复兴的典型代表就是那些夺取权力的暴君，他们缺乏传统上的合法性，所以为了生存，他们不得不发展出一套精打细算、客观、无关乎道德的观点。他们是个体，他们的同伙也是个体。霍亨斯陶芬王朝的神圣罗马帝国皇帝腓特烈二世(1194—1250)就是他们的先驱。布克哈特认为，这位皇帝是"首位现代型统治者"[16]，尼采则将他称为"理应如此的无神论者、教会的敌人"（《瞧》-查-4）。暴君们的最高榜样是切萨雷·波吉亚(Cesare Borgia)，马基雅维利(Machiavelli)在《君主论》(Il Principe)中称赞过他，布克哈特认为他的显著特点是"过于邪恶"[17]，但尼采却毫无保留地赞美他(1888年10月20日致梅森布格)。这些人是幸福的化身，对于这种幸福，应当这样去理解：

> 什么是幸福？——感到权力在增长，感到一种阻力被克服。
>
> 不是满足，而是更多的权力；根本不是和平，而是战争；不是美德，而是卓越（文艺复兴意义上的美德，virtù，没有

服用道德小药丸的美德)。⁰¹(《敌》-2)

文艺复兴精神的继承人是拿破仑(《快》-362),他是怪物和超人的综合体(《道》-1-16)。这样的人懂得如何去指挥别人。在未来,他们可能会形成一个世袭的贵族阶层,他们的臣民将不加质疑地接受他们的权威(《快》-40)。我们可以顺着尼采的意象往下讲:19世纪的欧洲被绵羊统治着,它们把狮子关在笼子里,让狮子失去活力;但在未来,作为动物中天生的贵族,狮子将会挣脱牢笼,重新获得力量和美丽,那时的它不会对绵羊存有任何怜悯。

生命的意义和目的不应由任何外部权威说了算;它们是生命本身所固有的。生命的意义和目的就是开发人类的全部潜力——这里的潜力指的是有能力成为超人的少数人的潜力。其他人的都不重要。这就是查拉图斯特拉演说的核心,它与正午这个意象有关。在那个时候,太阳直射在被救赎的大地上:"'所有的神全都死了:现在我们祝愿超人长存。'——让这个愿望,在伟大的正午时刻成为我们的遗愿!"[02](《查》-1-22)。

---

[01] 摘自尼采:《敌基督者》,余明锋译,商务印书馆,2016年。有改动。——译者注
[02] 摘自尼采:《查拉图斯特拉如是说》,钱春绮译,东方出版中心,2021年,第99页。——译者注

永远回归

查拉图斯特拉提出的最著名但也最晦涩的学说之一就是"永远回归"。尼采告诉我们,1881年8月的一天,他突然产生了这个想法。当时,他正在锡尔斯玛利亚附近的席尔瓦普拉纳 (Silvaplana) 湖边散步,在某块金字塔形的岩石前停了下来《瞧》-查-1)。不过有一点很奇怪:1888年,尼采说这个想法是查拉图斯特拉的"基本构想"(同上),但它其实是在《查拉图斯特拉如是说》后半段才出现的。查拉图斯特拉提到这个想法的时候,是把它当作幻象的一部分讲出来的,是他从幸福岛启程之后讲给水手们听的。之后,他的那些动物又向他提出了这个学说,还告诉他,他注定成为"永远回归的教师"(《查》-3-13-2)。

在查拉图斯特拉的那个幻象中,他在一个爱讥讽人的侏儒的陪伴下,来到了两条路交会的关口上。无论是前面那条还是后面那条,每条路都通向永恒。这两条路交会的关口就是当下。所有的事物都已经沿着查拉图斯特拉身后那条路走来,未来也必然沿着他面前那条路走去。

> 因为,一切能走者,也得在这条长长地伸出去的路上——必须再走一次!——

> 这个在月光下慢慢爬行的蜘蛛,这个月光本身,还有在关口上一同窃窃私语、谈说永恒事物的我和你——我们不是全应当已经存在过了吗?——而且再回来,走那条在我们面前伸出去的另一条路,在这条漫长的可怕的路上——我们不是必须永远回来吗?[01](《查》-3-2)

这个段落令人难忘。它的力量来自那神秘的环境;月光下爬行的蜘蛛这个细节镜头拉得如此之近;它的力量来自对话本身——查拉图斯特拉的大部分话语都是独白。所有事一而再、再而三地永远发生,起初看来,这场景似乎可怕至极,但查拉图斯特拉的下一段幻象缓解了这种恐惧感。在那段幻象中,一条蛇趁年轻人睡觉的时候爬进了他的喉咙里,但人醒了,咬掉了蛇的头,然后跳了起来,发出一阵大笑。他的笑声告诉查拉图斯特拉,最难理解的学说——甚至是永远回归的学说——也是可以被理解、吸收的,理解之后还可以感受到一种新的快乐。

查拉图斯特拉的动物们提出这一学说的时候更加积

---

[01] 摘自尼采:《查拉图斯特拉如是说》,钱春绮译,东方出版中心,2021年,第208页。——译者注

极。它们断言,存在一个"大年",它走到尽头又重新开始,就像沙漏被翻转过来一样。所以查拉图斯特拉才会说:

> 我将跟这个太阳、跟这个大地、跟这只鹰、跟这条蛇一起回来——并不是回到一个新的人生或是更美好的人生或是相类似的人生:
>
> ——我将永远回到这同样的、同一个人生,不管是在最大的或是最小的方面,让我再宣讲一切事物之永远回归。[01]《查》-3-13

这个学说是关于宇宙性质的理论吗,抑或是一种道德测试,看一个人能否忍受某种难以承受的可能情况?在尼采生前发表的那些作品中,《快乐的科学》第四卷后半部分也提到了这一想法,篇幅最为可观。这本书出版于1882年8月,所以我们可以推测它是在席尔瓦普拉纳湖启示之后不久写的。那一段的标题是"最重的分量"。它假设,在一个人最孤独的时候,一个恶魔可能会告诉他,他不得不再活一遍,经历所有快乐和痛苦,

---

[01] 摘自尼采:《查拉图斯特拉如是说》,钱春绮译,东方出版中心,2021年,第299页。——译者注

一切都要再经历一遍,连最小的细节都要再经历一遍。不,不是一遍,而是无数遍。月光下的蜘蛛和"存在的永恒沙漏"这两个意象在这里再次出现。人们可能会做出惊恐的反应,诅咒这个恶魔;或者,在一个至高无上的时刻,人们可能会对恶魔做出这样的回答:"你是神明,我从未听过比这更神圣的话呢!"《快》-341)

在这里,永远回归主要是作为道德测验出现的。如果一个人能够愉快地接受这样的前景,一遍又一遍地重复自己的生活,那么这个人就展现出肯定生命的能力。不过,如果这个测验仅仅是基于一种幻想,如果永远回归只是一种思维实验、应答者无须做出任何承诺,那么这测验就不会具有任何效力。恶魔生动而有力地提出了他的建议,永远回归这种可能性是作为极端挑战出现的。

一些评注家认为,尼采是在重述古希腊哲学家们的那条理论,即世界不断地在摧毁与更新[18]。根据这一理论,前苏格拉底思想家阿那克西曼德和赫拉克利特都认为,世界会定期在火中毁灭,然后重生;柏拉图一派则提出了这样的假设——一个大年的持续时间约为36000个普通年,每过一个大年,天体就会回到当下的排列状态,历史将会重演[19]。查拉图斯特拉的动物们谈起过"生成之大年,大年这怪物"《查》-3-13-2)。虽然这种说法会让人想起柏拉图所说的大年，但它的含义应该超过了后者。此外，尼采早就熟知柏拉图的那些思想，所以它们不会有如天启般打动他。1882年，当他向露·冯·萨洛梅讲起永远回归的时候，他"一直都在用低沉的声音讲述，怎么听都包含着深入骨髓的恐惧"[20]。

大量证据表明，尼采将永远回归当作宇宙学理论来认真对待，并认为永远回归得到了现代物理学奠定的新基础的支持。1881年，尼采的笔记本中有一些有关热力学内容的笔记，是他从朗格的《唯物主义史及其当代意义批评》中了解到的。尼采提出了能量守恒定律："多股力量构成的世界不会遭受任何削减。"(KSA-9-498)[01]如果能量守恒，正如尼采所默认的，宇宙能够无限持续，那么在无限的时间里，宇宙的各个组成部分都必须经历所有可能的变化，然后再回到最初的模式——那时，它还会再一次经历所有可能的变化。如此循环，无穷无尽。从朗格的书中，尼采还读到了热力学第二定律。该定律说，在一个封闭系统内，能量会达到平衡状态，因此热量会达到平衡，宇宙会在热寂中灭亡。尼采在笔记中反驳了这一观点，他认为既然时间是无限的，那么平衡状态早就该达到了，所

---

01 摘自尼采遗稿1881年第11组第148节。——译者注

以热力学第二定律一定是错误的。尼采的宇宙论所基于的那些假设如今早已过时，热力学第二定律不仅得到现代物理学的支持，而且人们现在一致认为，宇宙并不是无限持续的，它起源于大约150亿年前的大爆炸；至于宇宙是否会继续无限膨胀，或者它最终是否会在某个难以想象的遥远未来自我坍塌并走到尽头，宇宙学家之间仍存在分歧[21]。

然而，尼采似乎并不关心宇宙学本身。在其生前发表的那些著作中，他的讨论重点在于永远回归在道德方面对个体造成的影响。永远回归意味着历史上的所有战争、屠杀、瘟疫和自然灾害也将一次又一次地永远回归，尼采并没有关注这个方面。永远回归构想还能推导出其他许多状况，尼采也没有去探讨[22]。虽然尼采很欣赏这一理论，但他感兴趣的并不是理论本身。

尼采关注的是永远回归向个体发出的挑战，看个体是否敢说出："是的，无论如何，生活是值得的，我愿意再次经历这一切。"我们很容易就会想到尼采在1882年新年计划中提到的"爱命运"概念：

> 从现在起，你就是我的所爱了！我无意对丑开战，无意指控，无意指控控诉者；什么也不看，这将是我

唯一的否定！一言以蔽之：我只希望在某个时候变成只说"是"的人！ **01**《快》-276）

不过，"爱命运"与尼采早先对"土耳其宿命论"的答复一样《漫》-61），似乎是对必然性的一种被动接受，而永远回归要求的则是一种有力的肯定。此外，永远回归不止提出宇宙学方面的问题，还提出了道德方面的问题。它是一条命令，它对我的行动提出了要求，我做的事应当是我期望永远重复的事[23]。不过，它也有一层令人沮丧的内涵，即无论我选择做什么，在我以前的每次生命中我都已经做过了，所以，我的选择是真实的吗？或者，可以把永远回归当作对此时此刻所具有的无限价值的肯定，正如查拉图斯特拉在《另一曲舞蹈之歌》中说的："因为一切快乐想要——永恒！"《查》-3-15-3）[24]假定永远回归学说描绘了真相，那么此时此刻就不是唯一的，它会无数次重复；而且，不仅快乐是永恒的，痛苦、无聊、抑郁也是永恒的。有人可能也会如此反驳：就算前世、后世的确存在，那它们也是遥远的，不可能对我产生影响；或者说，前世和后世的"我"其实不是我，只是我的另一重肉身，我不

---

01 摘自尼采：《快乐的科学》，黄明嘉译，华东师范大学出版社，2007年，第265—266页。——译者注

需要去关心他[25]。

"永远回归"概念曾多次出现在尼采的笔记本中。由此可见,这个想法对他而言还是相当重要的;他曾经把它当作庄严的秘密向熟人倾诉[26]。不过,这一想法在他生前已发表的著作中却很少出现:《快乐的科学》中出现了一次,《查拉图斯特拉如是说》中出现了两次,《偶像的黄昏》中有一次简要提及。查拉图斯特拉可能命中注定要去向他人传授永远回归,但他一直都没能做到这一点。尼采也没有,尽管他称自己是"永远回归的教师"《偶》-古人-5。如此看来,尼采称永远回归是查拉图斯特拉的"基本构想",安德烈亚斯-萨洛梅(1887年婚后姓氏)也坚持认为永远回归是"他知识大厦的地基与皇冠"[27],这两个情况似乎就有些说不通。人们往往会毫不怀疑地接受这些论断,但我们也知道,作者对自己作品进行的回顾性诠释有时并不可靠。尼采可能是在写到一半的时候才想到要把"永远回归"写进《查拉图斯特拉如是说》。或者还有另一种可能,查拉图斯特拉在前两卷中的那些说教只是序曲,为之后提出"永远回归"这一极具挑战性的构想打基础。在第四卷末尾,查拉图斯特拉重新振作起来了,假定尼采完成了第五卷和第六卷,那这两卷的内容就会是查拉图斯特拉对永远回归的传授[28]。不过还是有两件事说不通。其一，1884年，在完成第三卷之后，尼采宣布《查拉图斯特拉如是说》"共有三幕，圆满告终"(1884年2月22日致罗德)；其二，在《瞧！这个人》里涉及《查拉图斯特拉如是说》的部分中，尼采没有说自己计划将书继续写下去，甚至没有提到该书仍不完整。

尼采将查拉图斯特拉描写为肯定生命、对生命说"是"的最典型形象。如今，"肯定生命"已经成为褒义词，其中一部分功劳也是尼采的。不过，肯定生命乃至接受生命到底是什么意思呢？有人会说，肯定生命嘛，那就是说生命是好的喽。但尼采已经告诉我们，生命既不是好的，也不是坏的，它是超越善恶的。因此，肯定生命并不是认可生命本质，而是展示哲学家的意志。无论如何，生命或宇宙，个人接受也好，不接受也好，这对宇宙来说并没有任何区别。威廉·詹姆斯提到过一件小事，与此有关：

> 据说，我们新英格兰的超验主义者玛格丽特·富勒(Margaret Fuller)最喜欢说的一句话是"我接受宇宙"。当有人向托马斯·卡莱尔(Thomas Carlyle)转述这句话的时候，他不无讥讽地答道："天啊！她最好还是接受！"[29]

不过，接受生命或肯定生命这种态度对宇宙而言可能不重要，但对我自己而言也许非常重要。所以，有人认为，当尼采呼吁肯定生命的时候，他是在要求人们肯定自己：我必须去肯定自己的所有体验，包括我的那些苦难、失望和痛苦，这是因为，正是在它们的帮助下我才成了现在的自己[30]。

但尼采似乎还有其他用意。在他生前发表的作品中，最后一次提到"永远回归"是在《偶像的黄昏》结尾部分。在这里，尼采自称是"永远回归的老师"，他主张"即使在面对生命中最陌生、最艰难的问题时也要对生命本身说'是'"（《偶》-古人-5），但他也解释说，这种肯定态度具有悲剧性质。生命的最高级产物（最有贵族气质的人）会像悲剧中的英雄一样牺牲，每到这个时刻，求生的意志就会欢呼雀跃。它之所以这样做，是因为生命是完满的，是取之不尽的，生命有能力承受这种损失，也能从毁灭和创造中获得快乐。这种悲剧性的肯定希望"成为那永恒的生成之喜悦本身"：它将自己视为那永恒的事物流变。一个人不仅会对生命说"是"，也会感到自己是宇宙进程的一部分，这进程是一种能量变动，它本身就能带来深深的满足感，不需要任何终极目的。

然而，这样的肯定只是一种肯定的感觉而已吗？心花怒放的时候，一个人可能会觉得"是的，无论如何，生活是美好的"，他还可能对这种感觉进行投射，把它当作宇宙构想。但感觉并非学说。人们无法向其他人传授一种感觉，也无法劝说其他人去拥有这种感觉。如果把"应当肯定生命"这一主张当作一个命题来考虑，那么它会与叔本华所强调的那条理论抵触，即生命中的痛苦远远大于快乐。这痛苦不仅包括人类经受的苦难，还包括动物经受的苦难：在这个世界上，一个物种需要吃掉另一个物种才能活下去。我也许可以肯定自己经受的苦难，但我有什么权利去肯定其他无数有知觉、有感情的生灵所经受的苦难呢？不过，"对生活说'是'"恰恰意味着也要去肯定他人的苦难。鉴于痛苦大于快乐，"反出生主义"哲学家大卫·贝纳塔 (David Benatar) 给出了一条强有力的论断：存在是一种邪恶，最好永远不要出生——这是西勒努斯的智慧结晶，如今它已得到了逻辑支持[31]。

考虑这些情形之后，如果一个人仍然希望肯定生命，那么永远回归假说也不是必备的。无论是在永远回归假设之下，还是在"每一刻都是独特的、转瞬即逝的、不可重复的"这样的假设之下，肯定生命所需的决心都是一样的。无论如何，永远回归绝非尼采哲学的核心，细看之下，它似乎都不是尼采哲学的关键之处，甚至可以说它是相当边缘化的。在尼采思想中，没有任何其他观点立足于永远回归这个论点。尽管如此，尼采一直都非常重视这一想法；他曾多次为自己的未来巨著制定计划，在大部分计划中，最后高潮部分的论述对象都是永远回归。

权力意志

"权力意志"这一概念首先出现于《查拉图斯特拉如是说》，在尼采后来的所有著作中也多次出现。本节对这一概念的讨论将构成一座桥梁，通向之后的文本，阐明与该概念相关的问题；下一章的侧重点在于，在解释人类学和心理学具体事例的时候，尼采是如何引用权力意志概念的。

有一些哲学家，他们说自己受到了"求真理的意志"的推动，查拉图斯特拉对他们讲了一段话。他说，他们真正想要的是让世界变成可以被思考的对象——也就是说，让世界变得足够小，小到能够装进他们对真理的贫乏构想里。这种努力是自私的：他们希望这个世界能够反映出他们自己。因此，推动他们做出这种努力的，并不是任何无私的求真理的意志，而是以自我为中心的求强力的意志（权力意志）。不过，这种努力定然会以失败告终，这是因为，当他们的小船在生命之河（永恒流变，实在）上航行的时候，他们会受到生命的摆布，而其生命本身就等同于权力意志。

查拉图斯特拉警告他们:

> 智慧最高者,现在听我的意见!要认真检查,我是否钻进生命本身的心脏,一直钻进它的心脏的深根之处!
>
> 在我看到有生命者的地方,我就发现有追求强力的意志;就是在奴仆的意志之中,我也发现有要当主人的意志。
>
> 弱者之所以服侍强者,这是由于他要当比他更弱者的主人的这种弱者的意志说服他的:只是由于要当主人的这种快乐,使他不愿加以放弃。[01]《查》-2-12

然而,权力意志不止针对其他人,它更主要的是针对自己。为了未来的自己,人们必须克服现在的自己。正如我们在前文读到的,生命在于自我克服。《查拉图斯特拉如是说》其他章节中也出现过"自我克服"的概念:年轻的牧羊人咬掉了蛇头,意味着主角接受了原本令人生厌的永远回归。在《善恶的彼岸》中,尼采直白地表示"生命本身就是权力意志"《善》-13。他还提出,权力意志理论也

---

[01] 摘自尼采:《查拉图斯特拉如是说》,钱春绮译,东方出版中心,2021年,第149页。"追求强力的意志"即权力意志。——译者注

许能够为任何行为提供一个综合解释：

> 最后，假设我们的全部冲动生活都能解释为一种基本意志形式的发展与分化——这里所说的意志就是权力意志，如我的命题所定义；假设一切有机体的功能都能追溯至这种权力意志，且将权力意志视为繁殖与摄食问题——这其实是同一个问题——的解决方案，那么人们就有权将所有可以产生影响的力量明确视为：权力意志。(《善》-36)

如果用这种方式来解释人类的生存，那么它会产生巨大影响："从本质上说，生命本身乃是占有、伤害、制服生人与弱者、压制、严厉以待、强加某种形态、同化，至少也是剥削。"(《善》-259) 健康的贵族阶层会以这样的方式对待其下属：

> 只要它是一个活着的实体，而不是一个垂死的实体，它内部的个体就努力遏制、不去互相做的事，也一定会对其他实体去做：这实体一定会活出权力意志的样子，它想要成长、扩张、攫取、占据上风——不是出于任何哪种道德或不道德的理念，而是因为它活

着，因为生命就是权力意志。(《善》-36)

这种权力意志理论与尼采在《人性的，太人性的》中着重强调的决定论难以调和。这是因为，如果我的行动是被决定的，那么很难说我是在行使自己的意志。我所拥有的最多只是一种权力感——这是尼采眼中幸福感的最大来源(《朝》-356,《道》-3-7)。不过，尼采还更进一步提出，权力意志是行动背后的推手：它是"通向强力、通向行动、通向最强力的行动的道路"[01](《道》-3-7)。这样看来，尼采的决定论似乎有了些折中迹象，少了些争议性。此时他似乎认为，人们会依据自己的个性来行动。对于鹰或者文艺复兴时期暴君这样的强者，就算告诉他们不要捕食和镇压弱者，那又有什么意义呢。这是因为，内在自我不是中立的，成为强者还是弱者，这不是内在自我可以去选择的，所以它也不可能在两种行为方式之间做出选择(《道》-1-13)。

尼采之所以开始使用"权力意志"这个概念，是因为他受到了那些自然科学书籍的鼓励。物理学家马克西米利安·德罗斯巴赫(Maximilian Drossbach)曾论证，力实际上是

01　摘自尼采：《道德的谱系》，梁锡江译，华东师范大学出版社，2015年。——译者注

"为实现扩张而做出的努力"。读到这里时,尼采在空白处写道:"我说权力意志。"[32]生物学为他提供了进一步支持:威廉·鲁(Wilhelm Roux)认为,有机体内的器官、细胞甚至分子都在不断竞争,在竞争中,强者获得对弱者的控制权。这一主张相当吸引尼采[33]。不过,尼采用这个概念来解释人类动机与活动,而且他确实越来越多地将其作为"对有机和无机界所有事件的唯一解释"[34]。

基于这种无所不包的权力意志理论,尼采认为,宇宙在不断运动。他同时也会用权力意志理论来继续反对唯物主义和机械论。我们之前已经读到,古典原子论认为,世界是由物质粒子组成的,这些粒子随机凝聚在一起,构成更大的实体,但尼采排斥这种说法;他偏爱博斯科维奇的理论,即物体实在的组成成分不是物质,而是力《善》-12)。他同样排斥19世纪后期享有很高声望的科学唯物主义,认为它具有简缩倾向,最多只能描述自然过程,而无法解释这些过程。

至于尼采想用哪一种理论来替代上述理论,我们并不清楚。此外,我们应当将权力意志视为经验概念,还是将其视为形而上的概念?在《人性的,太人性的》一书中,当尼采开始进行心理分析的时候,他将权力意志当作一种强有力的工具,用它来解释人类生活。在下一章中,笔者还将继续证明在《道德的谱系》中他也在以同样方法运用"权力意志"这一概念。但是，当尼采把权力意志当作一套宏大思想，用它来解释一切的时候，他恐怕就走得太远了，这个概念就无法使用了。这是因为，如果所有行为都是权力意志——正如"生命本身就是权力意志"这一表述所暗示的那样，就不存在任何不是权力意志的行为，在这种情况下，从权力意志角度对事物进行的解释就成了冗余的东西。

或者，我们可以把权力意志视为行为的动力或动机。不过，在这种情况下，我们可以观察到权力意志的影响，但却无法找到它本身。权力意志要么是一个无法证实的假设，要么——正如一些评论者所说的——是一个隐藏在现象背后的形而上的概念，即先验的知识[35]。一直以来，尼采坚持认为形而上的想法都是虚幻的，只是宗教信仰在另一个世界的后代。也许，想要摆脱形而上学也不是那么容易的事。

作为诗人的尼采

批评《查拉图斯特拉如是说》的智识框架这种做法有失公允，甚至还有吹毛求疵之嫌。这本书本身就不是作为哲学作品而发表的，它是散文诗，它包含的不是论证，而是劝诫和预言。它就像《圣经·旧约》中那些具有预言性质的篇章，就像福音书中的耶稣述文，或者传说中的佛祖话语[36]。1884年，尼采写道："将路德的语言和《圣经》的诗歌形式作为新德国诗歌的基础——这是我的发现！"(KSA-11-60)[01]其最直接的论点似乎源自西格弗里德·利皮纳(Siegfried Lipiner, 1856—1911)于1876年发表的托寓神话史诗《解放了的普罗米修斯》(Der Entfesselte Prometheus)，该作品是在《悲剧的诞生》的影响下完成的。尼采非常欣赏这部作品，甚至还给利皮纳写了一封"粉丝信"(1877年8月24日)。在《查拉图斯特拉如是说》中，我们可以隐约看出歌德、荷尔德林和雪莱的影响。

正因为如此，喜欢《查拉图斯特拉如是说》这本书的，不仅有原本感觉尼采警句过于难懂的人，还有诗人和作曲家。受尼采文本启发而创作的曲目有很多，理查德·施特劳斯(Richard Strauss)的音调诗《查拉图斯特拉如是说》(Also sprach Zarathustra, 1896)是其中最有名的一首。书中那些有关高山、天空、太阳的意象鼓励许多诗人写出了富有远见的史诗，这些诗歌的大部分如今已被遗忘（也许本不该如

---

01 摘自尼采遗稿1884年第25组第173节。——译者注

此)³⁸。表现派建筑师布鲁诺·陶特(Bruno Taut)曾经尝试把《查拉图斯特拉如是说》中的景观转化为由玻璃穹顶和宫殿构成的"阿尔卑斯式建筑"³⁹。

近年来的读者就没那么热情了。第一次世界大战的时候,军国主义将这本书收为己用,大约15万名士兵带着战时特别版《查拉图斯特拉如是说》走上前线,这种情况显然对书的声誉毫无助益⁴⁰。此外,还有另一个更为重要的原因:尼采这篇预言散文没能抵挡住时间的侵蚀。许多现代读者都觉得这本书过于做作。J.P.斯特恩(J. P. Stern)说,这种风格让人感到"面对D.H.劳伦斯最差'预言'时的那种尴尬"⁴¹。

不过,评价这本书的时候,还是可以做到细谈优劣、避免笼统的。查拉图斯特拉的许多话语都相当惊艳、令人难忘,许多段落具有丰富的抒情美感,但翻译之后却会失色很多。例如,《夜歌》这一篇的开头,尼采在表扬自己的时候曾把它单独挑出来谈论(《瞧》-查-6):

> Nacht ist es: nun reden lauter alle springenden Brunnen.
> Und auch meine Seele ist ein springender Brunnen.
> Nacht ist es: nun erst erwachen alle Lieder der Liebenden.
> Und auch meine Seele ist das Lied eines Liebenden.

Night it is: now all springing fountains talk more loudly.

And my soul too is a springing fountain.

Night it is: now all songs of lovers at last awaken.

And my soul too is the song of a lover.

夜来了：现在一切跳跃的喷泉都更加高声地说话。

而我的灵魂也是一注跳跃的喷泉。

夜来了：现在一切热爱者之歌苏醒过来。

而我的灵魂也是一首热爱者之歌。[01]（《查》-2-9）

通常而言，长篇作品不可能一直保持高强度的抒情风格，大部分内容需要用较为平实的语言来写，这样才能衬托出抒情部分。可尼采却尝试一直使用这种修辞手法，所以书中许多内容会给人带来冗余、无聊的感觉。当查拉图斯特拉描绘具体画面的时候（例如两条长长的路以及在月光下爬行的蜘蛛，《查》-3-2），或者当他使用不言自明的托寓性图像的时候（例如三段变化，《查》-1-1），这种风格就能够收获最佳效果。尽管尼采呼吁"忠于大地吧"，但《查拉图斯特拉如是说》写得却不那么脚踏实地。文中所描绘的世界相当抽象，所以查

---

01 摘自尼采：《查拉图斯特拉如是说》，钱春绮译，东方出版中心，2021年，第137—138页。——译者注

拉图斯特拉的修辞不得不"负重前行",听起来很勉强。

尼采还写过许多较短的诗歌,它们也值得关注。《快乐的科学》以一组题为"戏谑、计谋与复仇"(歌德歌剧剧本的标题)的短诗开篇,以"'自由鸟'王子之歌"结束("自由鸟"这个词不仅意味着自由,还意味着非法)。这首诗此前已经发表过,摘自1882年的《墨西拿田园诗》。《善恶的彼岸》以一首题为《自高山之上》的诗结束。《查拉图斯特拉如是说》和《瞧!这个人》中也有一些文段以诗歌形式写成。1889年1月彻底垮掉之前,尼采曾清晰誊写了《狄俄尼索斯酒神颂歌》(Dionysos-Dithyramben)手稿。此外,他的笔记本中还留存了其他一些诗歌。

尼采巧妙运用了多种诗体、体裁和诗歌角色。他的主要灵感并不来自浪漫主义抒情诗,尽管以《自由思想家》[德文标题为Der Freigeist,与尼采经常提到的der freie Geist/(自由精神)不一定是同义词]为首的组诗中有一个很有浪漫主义气质的流浪者,而且诗中的冬日氛围也会让人想起威廉·穆勒(Wilhelm Müller)和弗兰茨·舒伯特(Franz Schubert)的《冬日之歌》(Winterreise)(KSA-XI-329至332)[01]。这些短诗让人想起歌德,但尼采的语气更加辛辣尖锐。他的许多诗作都带有讽刺意味。有些作品是自

---

01 参见尼采遗稿1884年第28组第64节等。——译者注

由诗,特别是《狄俄尼索斯酒神颂歌》,明显能够让人想起克洛卜施托克、荷尔德林和歌德年轻时期的那些赞美诗。尼采喜欢借约里克之口写诗。约里克是一个弄臣,哈姆雷特曾对着他的头骨发出无限感慨,这说明在世人眼中,先知只是一个愚蠢的诗人。尼采还喜欢借航海家哥伦布之口发表评论。每次访问他的出生地热那亚的时候,尼采就会想起他。此外,尼采经常提及"远航探索未知海域"这一意象,它与哥伦布之间也有关联(《快》-289, 291)。

尼采有几首诗令人难忘,常被后人引用。托马斯·曼(Thomas Mann)在流放时期曾在日记中引用了《沙漠在扩展》(Die Wüste wächst,《查》-4-16以及《狄俄尼索斯酒神颂歌》-2和3),表现了强制移民、监禁和自杀对德意志文化造成的破坏。《快乐的科学》开篇有一些短诗,其中一篇题为 Ecce Homo,它语调严肃,诗意高度浓缩,相当引人注目:

> Ja! Ich weiss, woher ich stamme!
> Ungesättigt gleich der Flamme
> Glühe und verzehr' ich mich.
> Licht wird Alles, was ich fasse,
> Kohle Alles, was ich lasse:
> Flamme bin ich sicherlich.

Yes! I know whence I descend!
Unsatisfied like the flame,
I glow and consume myself.
All I grasp turns to light,
all I leave to charcoal;
I surely am a flame.

诚然，
我知道我的来处，
宛如烈焰，从不知足，
炽热将我耗尽。
我把握的全是光，
留下的全是煤；
我是烈焰，确定无疑。[01]（《快》-戏谑-62）

这首诗在含义上对比鲜明：说话者拥有光辉与激情，但这光辉与激情也消耗了他的实质。在艺术层面上，尼采的大部分诗歌无法与他的散文相提并论，但是作为其著作的一部分，他的诗歌仍是不可忽视的。

---

[01] 摘自尼采：《快乐的科学》，黄明嘉译，华东师范大学出版社，2007年，第68页。——译者注

第 5 章 拿着锤子的哲学家

关于19世纪80年代的尼采,我们可以从那些曾经拜访尼斯和锡尔斯玛利亚的人的记录中获得一些信息。尽管他是位大名鼎鼎的学者,但人们普遍认为他看起来更像是一个军人或乡绅。1885年,来自日内瓦的音乐家阿道夫·鲁特哈特(Adolf Ruthardt, 1849—1934)见到了尼采,并留下了这样一段描述:

> 尼采的外表给我留下了非常舒适的印象。他身材中等偏高,四肢修长,体型匀称,姿态挺拔却不僵硬,举止和谐、平静而有节制;他的头发几近黑色,留着浓密的维钦托利式八字胡,穿着剪裁精良又得体、浅色但凸显身份的套装。所有这些让他看起来不像一个德国学者,反倒像一个南法贵族,或者一个穿着便服的意大利或西班牙高级军官。他非常严肃,但并没有经常出现在图片和半身像中的那种阴沉、僵硬、恶魔般的表情。这种严肃来自他那高贵的五官,来自经常在户外及阳光下活动而晒得黝黑健康的皮肤,也来自他那双深色的大眼睛。[1]

尽管尼采不善交际,但所有人在回忆时都强调了他的礼貌和魅力。只要他没在倾诉永远回归的秘密,他看起来就一点也不古怪。"尼采总是能够呈现出最完美的'绅士风度'。"这句话来自海伦·齐默恩,她是一个英国人,有德国和犹太血统,后来翻译了《善恶的彼岸》的第一版英译本[2]。他能够和女士们相处得很好,无论对方年老或年轻。梅塔·冯·萨利斯和她的女伴曾教他如何划船。他很喜欢埃米莉·芬(Emily Fynn),她是一个爱尔兰人、天主教徒,年事已高。尼采曾含着泪恳求她不要读他自己写的书,因为这些书只会让她不开心[3]。曼苏罗夫夫人(Madame de Mansuroff)来自俄国,精神有些问题,她的朋友们计划让她乘坐马车前往气候更适宜的意大利。虽然大家等了很久,但她仍然拒绝离开房间;后来尼采进屋去了,很快就又出现在人们面前时,老太太顺从地跟在他身后[4]。

尼采的健康状况时好时坏,经常有一些相对健康的时期,但也会间歇性地头痛发作,导致他无法自由行动。他非常注重饮食。锡尔斯玛利亚的旅馆老板说,尼采曾一度以水果为主食,有时一天要吃掉近3千克的水果。后来,他又认为素食对自己无益,从那以后,尽管他很难消化肉蛋类食物,但仍然以此为主要食物。他似乎很少与医生接触,他认为自己比任何医生都更加了解自己的身体状况和治疗方法。正如蕾莎·冯·席尔恩霍夫所提到的:1882年,在拉帕洛的时候,尼采曾经给自己开处方,还签上

"尼采博士"的名字,就好像他拥有医学博士学位似的,药剂师也没有怀疑,每次都照方抓药[5]。他的步行距离很长,总是举着遮阳伞来遮挡阳光。

尼采有睡眠问题,经常夜不能寐,脑子里总是思绪万千。1884年,他面色疲惫,告诉席尔恩霍夫:"我从来没有休息过。"他还问她,这是不是疯病的前兆,他父亲就是因为脑病去世的[6]。为了助眠,他会服用水合氯醛。19世纪末,这种化学试剂常常被用作镇静剂,但现在已不再用于任何医疗用途。对于尼采而言,这种药物恐怕弊大于利。

那时,尼采正处于思想爆发的狂热期。一方面是因为他那些年间写的书:《善恶的彼岸》(1886)、《道德的谱系》(1887)、《瓦格纳事件》(1888)、《偶像的黄昏》(1889)。此外,还有《敌基督者》和《瞧!这个人》,不过这两本都是在他死后(分别于1895年和1908年)出版的。另一方面,他在那段时间里还写了大量笔记。科塞利茨等人在伊丽莎白·尼采的严格指导下编写的《权力意志》就来源于这些笔记。

尽管尼采的视力下降,但他仍然在大量阅读,还会做旁注。当他不得不从图书馆借书时,他经常会在笔记本上抄录书的内容。因此,现在可以利用他的笔记本以及保存在魏玛郊区的尼采档案馆中的个人藏书,相当详尽地重新构建出他的智识生活。

19世纪80年代初,尼采主要阅读哲学和科学著作[7]。他的阅读方式像是和其他人打架,让人想起古希腊的"比试"。他会阅读那些与自己持有不同立场的思想家,一边反驳他们,一边增强自己的信念。因此,为了进一步反对悲观主义,他重新解读了那些悲观主义哲学家,例如叔本华和菲利普·梅因兰德(Philipp Mainländer, 1841-1876)。梅因兰德在他的著作《救赎的哲学》(Die Philosophie der Erlösung, 1876)中提出,所有生物实际上都是为了不存在而努力着。梅因兰德实践了自己的哲学:在收到自己那部伟大著作的当天,他就自杀了,理由是生命从此不再有任何目的[8]。

尼采利用科学与当时流行的一些假设进行斗争。实证主义方法否认任何形而上的实体,同时认为所有知识都来源于感官,只能通过科学和逻辑调查进行验证。在否认形而上学这一点上,尼采赞同实证主义的思路(或者说,他也试图这样做),但他并不认为知识如此容易获得。相反,他认为纯粹的或直接的经验是不存在的,经验一定是诠释的结果。他发现自己与恩斯特·马赫(Ernst Mach)等科学哲学家的观点一致。后者认为,所有知识都是从感觉流变中抽象出来的:"知识不与我们的外部现实一一相对,这种想法是无法实现的,知识是稳定、调和的感觉,存在于概念和理论之中，支配它的是科学的经济标准。……理论是工具，为生活需求服务。"[9]

尼采认为，实证主义棺材盖板上的最后一颗钉子来自物理学家鲁杰尔·博斯科维奇的理论。1873年，尼采第一次读到博斯科维奇的理论，而在19世纪80年代，他曾多次引用博斯科维奇的话(《善》-12中误称他为波兰人，实际上他应该是克罗地亚人)。实证主义科学的前提是唯物主义。博斯科维奇已经表明唯物主义原子论是站不住脚的。物理学家所称的一个实体对另一个实体的"影响"是不可能发生的；事实上，吸引力必定遇到排斥力。物质不是由原子组成的，而是由被力场包围的无固定大小的"点"组成的。我们以为自己感知到了实体，其实那只是一种幻觉，物质也是一种幻觉："物质只不过是占据整个空间的力场而已。"[10]1882年3月20日，尼采写信给科塞利茨："从博斯科维奇之后，物质就不再存在了。"我们本以为太阳绕地球旋转，但哥白尼推翻了这一幻想；波斯科维奇紧随其后，推翻了物质的概念，从而证实了我们的表面经验具有怎样的欺骗性——"这是与感官开战以来大地上取得的最大一场胜利"(《善》-12)。

19世纪80年代末，尼采对宗教产生了新的兴趣，又开始了积极批判。1885年，他读了圣奥斯定(Augustine)的《忏悔录》(Confessiones)，并嘲笑这位"老雄辩家"不诚实(1885

年3月31日致奥弗贝克）。之后，他又阅读了勒南（Renan）的《耶稣的一生》（Vie de Jésus）、托尔斯泰的《我的信仰是什么》（V cem moja vera?，该书认为，作为耶稣说教核心的"不要抵抗恶人"一直以来都被教会歪曲了意义）以及尤利乌斯·威尔豪森（Julius Wellhausen, 1844—1918）那些划时代的《旧约》研究。威尔豪森推翻了公认的古代以色列宗教发展年表，表明律法并不是摩西在旷野中宣布的，而是在那之后由写下虚假历史的那些祭司编制的。1888年8月，尼采还与另一位来到锡尔斯玛利亚的访客进行了多次交谈。他就是神学家尤利乌斯·卡夫坦（Julius Kaftan, 1848—1926），尼采在巴塞尔的老熟人。卡夫坦离开后，尼采立即开始撰写《敌基督者》（Der Antichrist，这个书名既有"上帝对立面"的意思，也有反对基督教的含义）。书中大量使用他读威尔豪森理论时写下的笔记，并对祭司式的犹太教及其继承者基督教发起了愤怒的论战，认为它们摧毁了古典文化，削弱了现代欧洲。

从1884年开始，一直到1888年9月为止，尼采一直在断断续续地创作一部巨著，想要为后世提供一种哲学观。通过他的笔记和信件，读者可以了解到这部作品在标题、提纲、内容摘要上的变化。1884年夏天，这部著作暂定名为《永远回归的哲学：为重估所有价值而做出的一次尝试》。到了1885年8月，它的标题变为《权力意志：为重新诠释所发生的一切而做出的一次尝试》。1886年夏天，标题又改成了《权力意志：为重估所有价值而做出的一次尝试》。在尼采去世后，伊丽莎白·弗尔斯特-尼采和海因里希·科塞利茨摘选尼采笔记时就选择了最后这个标题，并从尼采构思的多个四段式提纲中选择了一个。1888年8月26日，尼采最后一次使用《权力意志》作为书名时，他已经放弃了上面提到的那个提纲，提出了另一套完全不同的、更加细致的章节安排(KSA-13-537至538)[01]。1888年9月，另一篇笔记以《重估所有价值》为主标题，提出了另一份四段式提纲，第一部分的标题是《敌基督者》(KSA-13-545)[02]。同年11月26日，尼采写信给多伊森："我的《重估所有价值》的主标题是'敌基督者'，现在已经完成了。"显然，那时他已经放弃了写一部巨著的想法。

在放弃巨著之后，尼采迅速完成了几部较为短小的作品。其中一本是他的笔记精选，原本打算作为哲学摘要读本出版，起名为《一个心理学家的闲暇时光》，但后来作为《偶像的黄昏》出版了(1888年9月底完成)。《瓦格纳事件》是针对瓦格纳作品的一篇论战式分析文，1888年8月，完成这本书之后，尼采说自己感到了"些许安慰"(1888年10月4日致梅森布格)。另一部短篇作品是他的自传《瞧！这个人》，

---

[01] 参见尼采遗稿1888年第18组第17节。——译者注
[02] 参见尼采遗稿1888年第19组第8节。——译者注

一个月时间（1888年10月15日至11月14日）就写完了。和《敌基督者》一样，《瞧！这个人》也是在尼采精神崩溃后出版的。尼采在写给梅森布克的信中说，《敌基督者》是"有史以来最伟大的哲学事件，人类历史因此而一分为二"（1888年10月4日）。

尼采脑海中奔涌着如此宏大的思想，从事写作和修改文本时也表现得异常疯狂，难怪他人经常觉得尼采如此遥远、如此难以接近。1888年，罗德与尼采最后一次见面，因后者的疏离而感到不安："他似乎来自一个无人居住的国度。"[11]

不过，尼采也会大量阅读文学作品，还会与假期里遇到的那些人讨论，尤其是在19世纪80年代后期。爱克曼（Eckermann）的《歌德谈话录》（Gespräche mit Goethe）、施蒂夫特的《印度之夏》和凯勒的《绿海因里希》都是尼采最喜欢的作品。除此以外，他宁愿忽略德意志文学。他热衷于法兰西文学，虽然他的法语说得不好，但在朗读或阅读时他明显不会遇到什么理解障碍，只需要偶尔查一下字典。他最喜欢的作家是司汤达。1884年，在尼斯时，他的朋友保尔·兰斯基（Paul Lanzky）曾为他朗读了司汤达的三部作品。尼采还曾送给蕾莎·冯·席尔恩霍夫一本《红与黑》（Le Rouge et le Noir）[12]。尼采很欣赏波德莱尔（Baudelaire），尽管他认为后者"疯了四分之三"(1888年2月26日致科塞利茨)，此外还有其他一些问题。虽然他多次提到福楼拜(Flaubert)和左拉(Zola)，但我们不确定他是否真的读过这两位作家的作品。

1887年，尼采又有了一个重大发现：陀思妥耶夫斯基(Dostoyevskiy)的著作。他读的是法文译本。他曾问科塞利茨："你知道陀思妥耶夫斯基吗？除了司汤达之外，还没有人给过我如此多的快乐与惊喜：他是一位'我愿意与之相处'的心理学家。"(1887年2月13日)尼采首先阅读了《地下室手记》(Zapíski iz podpól'ya)，然后又继续阅读了其他作品。《被伤害与被损害的人》(Unizhennye i oskorblyonnye)似乎给他留下了尤为深刻的印象：瓦尔康斯基王子不顾道德的信条行事这样的内容一定相当吸引他。说来有意思，尼采的信中并没有提到经常被人传颂的"陀思妥耶夫斯基四部曲"，尽管通过笔记可以看出，他也熟悉《鬼》(Bésy)的内容(KSA-13-142至150)[01]。很晚的时候，即1888年时，尼采还发现了斯特林堡这个人(Strindberg)，两人甚至还通过信。尼采读了两遍《父亲》(Fadren)。在这本十分有力量的剧本中，斯特林堡讨论了厌女症问题。尼采曾告诉他在锡尔斯玛

01　参见尼采遗稿1888年第11组第332—341节。——译者注

利亚认识的朋友埃米莉·芬:"据说连佐拉都为之动容。"(1888年12月6日)

除了度假期间遇到的人,尼采与他人的交往越来越少。尽管他与瓦格纳早已渐行渐远,但当后者1883年2月13日去世的消息传来时,他仍深感悲痛。他在笔记中写道:"我对理查德·瓦格纳的爱和崇敬远超其他人。"(KSA-12-80)[01]但他仍然会谴责瓦格纳堕入民族主义和宗教信仰的行为。幸运的是,尼采发现了一位新的作曲家:若尔日·比才(Georges Bizet)。1881年11月27日,尼采在热那亚第一次欣赏到比才的歌剧《卡门》(Carmen, 1875)。从那以后,只要有机会,他会去看每一场演出。对尼采来说,比才的风格与那种德式沉重的风格不同,他代表了艺术精神和细腻心理,这似乎是法国的特点,也是地中海的味道——是属于"优秀欧洲人"的音乐:"比才的音乐正是为他们而作,他是最新诞生的天才,他看到了一种新的优美、一种新的诱惑——他发现了音乐领域的一块南方。"(《善》-254)[13]

尼采与他妹妹伊丽莎白之间的关系非常紧张,二人时常有敌对倾向。他对她的不满来自两个方面,一是她干

---

[01] 摘自尼采遗稿1886年第2组第34节。——译者注

预了他和露之间的事，二是她愈加投入日益频繁的反犹运动。尼采非常反感反犹主义，曾谴责过瓦格纳的反犹态度。他自己完全没有任何此类倾向：虽然他已经与雷决裂，但其中的原因从来都与雷的犹太血统无关，而且他很欣赏犹太诗人海涅 (Heine) 和李皮纳 (Lipiner)。在写给后者的信中，尼采曾希望自己也是个犹太人，"因为我最近经历了一些事情，让我对具有这种背景的年轻人产生了相当大的期望"(1877年8月24日)。可惜，李皮纳后来皈依基督教，甚至成了一个反犹主义者，这件事令尼采无比厌恶(1884年4月7日致奥弗贝克)。

1882年，伊丽莎白在拜罗伊特小住期间遇到了伯恩哈德·弗尔斯特博士 (Bernhard Förster)。他是一个著名的反犹主义者，计划在南美建立一个纯血德国人的殖民地。1883—1885年，弗尔斯特一直在寻找合适的地点，最终认为乌拉圭的一个地方很合适，并打算利用当地劳力修建一个殖民地。回到欧洲后，他与伊丽莎白结婚；尼采没有出席婚礼，但是送了一幅丢勒 (Dürer) 的雕版版画《骑士、死神与魔鬼》(Ritter, Tod und Teufel) 当礼物。1885年10月，尼采与弗尔斯特会面。他说，自己的妹夫"并非没有同情心"，只是一个行动力超强、做事欠思考的人(1885年10月17日致奥弗贝克)。

事实证明，他的这段评价相当精准。1886年2月，弗尔斯特和伊丽莎白带着一队满怀希望的殖民者向巴拉圭起航。那片殖民地没能兴旺起来：土地贫瘠，作物产量低，市场过于遥远。一位旅行者批评说，弗尔斯特夫妇生活舒适，而其他殖民者则住在悲惨的棚屋里，勇敢而果断的伊丽莎白完全控制了自己的丈夫。最后，弗尔斯特带着殖民地资金潜逃，在巴拉圭首都亚松森疯狂饮酒，之后开枪自杀了[14]。

尼采与他那些出版商关系也不好。最初那位出版商弗里奇于1874年破产，不得不放弃了出版生意。另一位出版商恩斯特·施迈茨纳向尼采发出一份邀约，后者接受了。施迈茨纳是个穷商人，但最让尼采感到不安的是，他是个反犹主义者，发行了一份著名的反犹主义杂志，这样一来，别人就有可能把尼采与他所讨厌的那种信念联系在一起。尽管如此，当施迈茨纳的生意陷入困境时，尼采还是向他提供了几笔贷款，后来打了一场官司才得到还款。尼采回到弗里奇那里，但他不得不自掏腰包，负责后来那几本书的出版费用。所有这一切不仅让他操心，也加剧了他的孤独感。尼采曾将《查拉图斯特拉如是说》构思为"第五本福音书"（1883年2月13日致施迈茨纳），但几乎一本都没有卖出去。1887年6月17日，他写信给奥弗贝克："过去这几年的境遇恐怕是命运强加给我的最艰难的事。在发出了我的查拉图斯特拉那样来自灵魂深处的呼唤之后，我却没有听到任何回响，什么都没有，什么都没有，永远只是沉默的孤独，现在这孤独又增大了一千倍——这件事可怕到难以想象，就算是最强大的人也可能因此而灭亡——唉，而且我也不是那'最强大的人'！"

尼采曾将《善恶的彼岸》和《道德的谱系》寄给丹麦文学评论家格奥尔·布兰德斯 (Georg Brandes)。当得知后者正在向哥本哈根的读者讲解自己的作品时，尼采感到非常高兴，难以遏制自己的兴奋。然而，布兰德斯并非完全不批判尼采的崇拜者：尼采在论述时很少细分各种情况，而且会武断否定社会主义，这让布兰德斯感到遗憾。他认为，尼采所持有的立场是"贵族式的激进主义"，尼采欣然接受了这一说法，称其为"我所读到的关于我自己的评论中最聪明的一条"(1887年12月2日致布兰德斯)。

因此，尼采有充分理由去展望未来，期望自己那默默无闻的痛苦很快就会结束。回首往事，在识别尼采崩溃前兆的时候，我们必须相当谨慎，但不可否认的是，当时他的确已经表现出一些怪异举止。在寄给布兰德斯的简历中，他宣称自己是波兰人，说自己的祖先是一个名为尼兹基 (Niezky) 的贵族 (1888年4月10日致布兰德斯)。其实，好几年前，他就已经开始如此毫无根据地幻想事物了。1884年，他曾向蕾莎·冯·席尔恩霍夫吐露过类似的想法[15]。他还曾向朋友们谈起自己承担的伟大使命，内容听来相当神秘："我想迫使人类做出决定，做出能够影响人类整个未来的决定。很有可能，一千年里人们都将以我的名义发出最高誓言。"(1884年6月初致梅森布格，1884年5月21日致奥弗贝克和1884年5月22日致海因里希·冯·施泰恩中也有类似内容) 在他的自传《瞧！这个人》中，满是此类吹嘘自己的内容，堪称妄自尊大。该书写于1888年秋，但直到1908年才出版(那一版由于伊丽莎白的干预，删减了大量内容)。这本书中有关尼采是波兰人的自我幻想更加鲜明："我是一个纯血统的波兰贵族，没有一滴劣质血，更不要说德国人的血。"(《瞧》-智慧-3) 书中也表现出了他的自我膨胀意识，尤其最后一节"我为什么是命运"："有一天，我的名字将与某个可怕记忆联系在一起——那是一场地球上前所未有的危机。"(《瞧》-命运-1)

1888年，尼采决定前往一座陌生的意大利城市，试试自己是否能适应那里的环境。同年4月5日，他来到都灵，并爱上了这里[16]。在与友人联系的那些欣喜若狂的信中，他赞扬了城里保存完好的17世纪建筑、可以遮挡阳光的连拱廊，还赞扬了这里的气候、食物、三家外文书店，此外还有一个令人高兴的巧合：歌剧院正在上演《卡门》(1888年4月7日致科塞利茨)。在读过之前许多信件所记录的苦难之后，收信的人看到尼采快乐当然会很高兴。但这种欣喜似乎带有自恋色彩："都灵的非凡之处在于我发挥出的全部魅力，尽管我是所有人中最谦虚的那一个，尽管我没有任何要求。不过，当我走入一家大商店的时候，每一张脸都变了；街上的女人会看我——我总光顾的那家水果店会把最甜的葡萄留给我，还会为我降价！"（1888年圣诞节致奥弗贝克）毫无疑问，他是在过度补偿自己孤身一人的状态。那段时间里，如果他没有在都灵街头闲逛，就是在疯狂写作。在他的文字中，特别是《瞧！这个人》这本书中，过度补偿的情绪已经变成了妄自尊大。他还给奥弗贝克写信，说他打算成立一个反德意志联盟，还要干预帝国战事（1888年12月26日）。同月的笔记中还有一些幻想内容，涉及"伟大的政治"以及对霍亨索伦王朝发动的战争（KSA-13-637和643）[01]。

1889年1月初，尼采连续写了多封信，但文思混乱。收信人不仅有他的熟人，还有意大利国王和马里亚尼（Mariani）枢机主教。他给布克哈特写了一封长信（落款日期为1889年1月6日，但很可能是之前写成的），结尾是这样的："我已经把该亚法锁起来了；此外，去年德国医生把我非常缓慢地钉在

---

01 参见尼采遗稿1888年第25组第1节和第13节。——译者注

十字架上了。俾斯麦和所有反犹主义者已被解决了。"布克哈特去问奥弗贝克，得知后者也收到了一封疯狂的信，落款是"狄俄尼索斯"(1889年1月4日)。奥弗贝克连夜赶往都灵，于1月8日下午抵达，发现尼采正在沙发上看书。尼采冲到他面前，泪流满面地拥抱了他，然后倒在沙发上，全身抽搐[17]。此前，尼采在大街上精神崩溃了，可能是当月3日，但更有可能是7日。有人说，当时街上有一辆出租马车，车夫正在鞭打自己的马，尼采上前去拥抱它。不过，这个故事的真实性令人生疑，因为在1930年之前从未有任何印刷品提到过它。而且，这种行为不符合尼采的性格，他从未关注过动物。如果真的发生过这种事，那么很可能是因为他快要跌到了，需要扶一下周围的东西。奥弗贝克费了一番功夫才说服尼采与他一起回到巴塞尔，然后将他送入一家精神病院。1月17日，尼采被转到位于耶拿的一家病院，以便他的母亲定期探望他。5月，他们一起搬到她在瑙姆堡的家里。此后，弗兰齐斯卡·尼采悉心照料着儿子。尼采似乎不太能理解周遭发生的事，但大多时候都很温顺，像孩子一样。

1893年9月，伊丽莎白从巴拉圭回国，她发现尼采的书此时已非常抢手，尼采的出版商瑙曼正在发行他的作品集。于是，她成立了尼采档案馆，该馆最初设于她母亲在瑙姆堡的房子里。1896年4月20日，弗兰齐斯卡·尼采去世，于是档案馆搬到了如今的地点——希尔博布里克别墅一层。当时，该别墅位于魏玛郊区，是伊丽莎白和哥哥尼采居住的地方。来访者发现他们无法与尼采沟通。1897年，蕾莎·冯·席尔恩霍夫曾拜访尼采，她回忆说：

> 尼采比以前胖了许多，看上去就像那种安静又知足的老头，永远处在休息状态。我站在门口，伊丽莎白夫人向她哥哥点头，说道："看，弗里茨，进门的人是蕾莎·席尔恩霍夫。"但那个沉重的身影依然安详地坐着，耷拉着脑袋，没有抬起头也没有看过来，甚至没有任何迹象表明他听到了妹妹的话。他一动不动，没有任何反应，仿佛被封在自己的世界里，像机器人那样坐在那里，被别人的意志所左右。眼前这个人，我以前是认识他的，可现在却觉得他如此陌生、如此沉默。焦虑令我全身僵硬，我不记得自己是否说了些问候的话，也不记得自己如何缓过来的。我只知道，他妹妹说他那天过得不好。于是我伤心地离开了。我在想，这样的生活着实体现了尼采这个人的无助，任何精神生活的火花似乎都已熄灭，在这张看不透的外部

面具的背后，不知道还能剩下什么样的思想与情感。[18]

多次中风之后，1900年8月25日，尼采离开了人世。

生命与哲学

尽管尼采本人受到孤立——或者，也许正是出于这样的孤立，在后期作品中尼采明确表明自己的书是写给那个假想中的"自由精神"群体的。在《人性的，太人性的》中尼采已经勾勒过自由精神的特质，现在他会进一步展开该话题。自由精神与现代欧洲那些支持民主与自由主义的"自由思想家"完全不同《善》-44。自由精神绝不重复保守派的老生常谈，他们追求诚实正直《善》-227，他们与可能限制其思想的所有个人、民族、智识羁绊划清界限《善》-41，他们质疑一切假设，无论这样的质疑会导致自身陷入怎样的危险境地。他们足够强大，所以不再需要信仰，不再笃定；坚定的信念总是软弱的表现《善》-347。他们其实是实验派思想家《善》-42。尼采引用了"最后一位伟大心理学家"司汤达的观点：如果想要在哲学上有所发现，如果想要"清晰看到事物内在"，就必须具备成功银行家的素质，也就是说，必须"干练、清晰、摒弃幻想"《善》-39。

只有自由精神才能实现尼采那条经常被人引用的名句:"成你所是!"在尼采眼里,自由精神站在绝大多数人思维的对立面——大多数人都是过去时光的囚犯:"但我们不一样,我们想成为我们要成为的那样——全新的、独一无二的、无可比拟的、自己给自己立法、自己创造自己的人!"不过,尼采说,如果想要实现这一点的话,那么自由精神必须了解支配其存在的物质条件,包括物理学规律。因此,他得出结论:"物理学万岁!我们的诚实正直——正是它迫使我们钻研物理学——万万岁!"《快》-335) [19]

所以,自由精神寻求真理。不过,《善恶的彼岸》的序言里说,真理是难以捉摸的。开篇第一句就断言,真理是女人。它还暗示说,到目前为止,哲学家们都只是些笨拙的求爱者。一直以来,哲学只是哲学家们的尝试,他们试图构建另一个世界,一个生活之外的世界,并以那个世界为基础,从哲学层面上解释眼前这个世界。柏拉图构想出一个永恒不变的"相"的世界,康德将实在称为"事物本身",而我们能够理解的世界只有一个,它就是我们的智识和感知器官允许我们去理解的那一个世界,而且我们只能通过时间、空间、因果关系来理解这个世界,所以"事物本身"是我们无法理解的。其他哲学家也曾对实在提出过大胆的主张,但全都被尼采驳斥了。唯心主义者称，外部世界是由我们的感知器官创造的；不过，由于我们的感知器官本身也是外部世界的一部分，所以这种说法是自相矛盾的（《善》-15）。笛卡儿试图将哲学建立在"我思故我在"这一命题的基础上。在他看来，这条命题是不言自明的，但其实这条命题也需要一个前提："我"是什么意思，"思"是什么意思。

有些人认为哲学思考具有自主性，但尼采提出了许多反驳的论据。思考是一个本能的过程，它有助于维持生命；哲学思考也不例外。哲学家需要运用语言，所以他们的哲学观很可能受到他们语言结构的禁锢。从这个意义上说，哲学层面上的主体和客体的划分恐怕只是印欧语系语法的反映。

在尼采看来，"自我"也是幻象。在行动时，并没有某个单独的"我"来指挥我们的行为。如果我们认为"我"是存在的，就说明我们被谓语前必须有主语这条语法规则误导了（《善》-17）。尼采相当熟悉讽刺作家格奥尔格·克里斯托夫·利希滕贝格（Georg Christoph Lichtenberg）的作品。一个世纪前，这位作家曾说，人们不应该说"我想"，而应该说"想了"，就像我们说"下雨了"[01]："假定'我'，

01　两个句子都以第三人称单数中性代词（虚指）做主语。——译者注

强调'我',都是出于实际需要。"[20]尼采赞同这种怀疑论,而且他还更进一步:"行为、行动、生成的背后并没有任何'存有';谈及行为的时候,'行为发出者'是彻头彻尾的臆造——行为本身就是一切。"(《道》-1-13)[21]

如果没有做出行动的人,只有行动本身,那么人们的行动方式就不是事先决定的结果,而是他们本性的表达。如此看来,指责强壮的、攻击型的人,责问他们为何如此咄咄逼人,这样做还有什么意义呢?这就和指责老鹰捕食羔羊一样无用。老鹰遵循它自己的天性,同理,恺撒或拿破仑也遵循他们自己的天性。因此,普世道德规则的荒谬性就在于此:不能期望老鹰像羔羊一样行事[22]。

早些时候,尼采曾断言,意志自由是不存在的;现在,他既否定"自由意志",也否认"不自由的意志",他认为两者都是凭空想象的概念,都是基于"因""果"的虚相。我们用来理解世界的所有概念,包括数字、理性、法律、目的等,同样都是虚象:它们和神话传说一样,都是我们思维构建的产物,之后再被我们向外投射给世界。"'不自由的意志'是个神话传说:在现实生活中,意志只有强弱之分。"(《善》-21)这种主张与《人性的,太人性的》中的那种绝对决定论不同。此时的尼采已经转变了想法,认为人们会且必然会依据自己的性格行动。荷马史诗中的战士可以决定是放过某个敌人还是杀死他,但却无法摆脱自身对荣誉的关注——那样做就不符合他的性格了[23]。尼采经常强调这一点:一个人的行为,包括其发展出的哲学,全都来自这个人的性格,而性格本身又是由他的身体和生理结构决定的。

因此,自由就意味着自愿接受必然性,其中也包括接受自己的性格;尼采将这种态度称为"爱命运":"我要更加努力向学,把事物的必然性视为至美。如此,我必将成为美化事物的人群中的一员。Amor fati（爱命运）,从现在起,你就是我的所爱了!"[01]《快》-276; 参见《瞧》-聪明-10,《瓦》-4)[24] 尼采大体同意斯宾诺莎的学说,即自由是关于必然性的认识[25]。可以从遗传学角度来解释"自由意志"这一错误观念:弱者想要为自己的苦难寻找一个责难对象,就发明了这样一种观念;在他们眼里,强者并不是在遵循自己的天性,而是在完全自由支配个人意识的条件下选择了压迫弱者（《道》-1-13)。

"善"和"恶"等道德概念也是虚象。这对反义词在现实中并不存在,它们只存在于哲学家们的思维构建之中。那些宣扬道德的人会谴责不良激情,如仇恨、嫉妒、

---

[01] 摘自尼采:《快乐的科学》,黄明嘉译,华东师范大学出版社,2007年,第265—266页。——译者注

贪婪等。可是，在生命这个有机体系中，所有这些激情都是不可或缺的《善》-23)。它们能够提供能量，而这些能量的作用在于维持生命、提升生命。宣扬道德的人听到这种说法恐怕会大惊失色，即便如此，我们也绝对不能没有激情。由此可见，尼采眼中的世界"已经超越了善恶"。

首先，尼采质疑"在哲学层面上探求真理"这一构想本身。归根结底，我们为什么想要真理？所谓"求真理的意志"从何而来？与真理相比，一些虚假和错误更能维持生命、提升生命，因此也更有价值，难道不是吗？"对我们来说，即使某条判断是虚假的，但光凭虚假这点是不能去反对那条判断本身的；这恐怕是我们这种新语言让人感到最为陌生的一点。问题在于，这个判断到底在多大程度上具有支持生命、维持生命、维持物种乃至繁育物种的作用。"《善》-4)

在哲学家们的假设中，真理是一个永恒的形而上的实在。他们还经常提出其他一些概念，如果仔细研究，就会发现那些概念要么同义反复，要么空洞无物。例如，斯多葛派主张依照自然的方式去生活；可由于我们是来自自然的生物，因而这也是我们唯一的生活方式《善》-9)。大多数哲学家所做的，只不过是把自己的偏见阐述成了一个智识体系。他们可能认为自己已经远远脱离了争论战场，认为自己正在静静地思考宇宙，实际上他们也受到权力意志的驱使，于是他们不仅会努力把有关世界的图景强加给其他思想家，还会把它强加给世界本身。关于世界，哲学带给我们的启发不多，但关于哲学家，哲学却能告诉我们有关他们自身的许多信息。所有的哲学论点都是穿着伪装的自传《善》-6)。

尼采反对19世纪末的实证主义，因此也否认自然科学能够通往绝对真理。物理学不会为我们提供有关世界的永恒有效的解释；它能做的只是提供一种解释。实证主义科学表达了19世纪科学家的民主化偏见：当他们宣称自然界受不变规律支配时，他们只是把法律面前人人平等的民主化理想搬到了自然界。"科学法则"只是一个比喻，与解释世界时使用的其他概念一样。"因"和"果"都只是强加给实在的、约定俗成的虚象：

> 就"本身"而言，不存在任何"因果联系""必然性""心理不自由"；就"本身"而言，"原因"并不会产生"效果"；"本身"也不受任何"法条"的支配。是我们自己编造了原因、先后次序、相互关系、相对性、约束、数字、法条、自由、依据、目的；当我们把这个符号世界当成"本身"继而把它引入事物，与

事物混淆的时候，我们便又开始了以前的做法，此时的做法和以前的做法没什么两样。也就是说，我们依然在按照神话传说的方式行事。(《善》-21)

因此，现代科学呈现的宇宙只是另一套神话传说。当然，这套传说是有效的；在它的帮助下，我们能够与大自然合作。但这并不意味着它可以声称自己能够通往绝对真理，它不具备哲学家们所向往的形而上的权威性、永恒的真理性。

最近，一些崇拜者声称尼采认为真理是不存在的。尼采果真这样想吗？他几乎是这样认为的，因为他曾说过，反唯心主义者和反形而上学者受其智识良知的指导，但他们的做法实际上也是错误的："这些人远非自由精神：因为他们仍然相信真理！"(《道》-3-24) 在这之后，尼采讲述了一个刺客的故事。他说，那是一个来自东方的"由拥有卓越自由精神之人组成的团体"，他们守卫着"无有真理，万事皆可"的秘密[26]。一方面，这个故事似乎表明道德审判是不存在的 ("万事皆可")；另一方面，它也告诉我们，道德审判需要以真理为基础，但这样的真理是不存在的。无数可能性涌现在我们面前，让我们眼花缭乱。人们可以按照自己的意愿来塑造世界，或者人们也可以像"新尼采主义者"似的，开始"充满欢愉的肯定，肯定这个世界能够自由玩耍以及它生成的纯真无瑕，肯定这个没有错误、没有真理的符号世界"[27]。不过，和所有极端怀疑论一样，这个故事也会把我们引向同样的矛盾——刺客们没有明说的那句话是："真理就是无真理。"也就是说，尼采回到起始点，开始探索真理的价值了。这样看来，在他的预设中，真理是存在的。

尼采会用"真理"一词来表达不同的含义。当他说"真理"的时候，他指的是绝对真理：关于世界本身到底如何的特定知识。这样的真理是不可得的，这是因为我们生活的这个世界是由我们的感觉器官和思考能力所构建的，我们无法走出自己的世界，无法将它与"真实"世界进行比较。尼采反对多个形而上学幻象，而绝对真理就是此类幻象中的一种。当然，为了达到某种修辞效果，他有时也会不知不觉地把任何类型的真理都说成是不存在的。"我们这些自由精神……向有关'真'和'假'的所有古老构想宣战，我们就是这战争宣言与胜利的化身。"
《敌》-13）

不过，当尼采谈到真理的时候，他说的是常规意义上的真理，也就是有关我们这个世界的知识。这些知识是可以通过细致筛查和严谨推理获得的。尼采并不否认有可能获得此类真理。他的历史研究——《道德的谱系》和《敌基督者》——都是在详细考察此类真理,无论它是多么令人不快:"为真理服务是最难的。"《敌》-50) 尼采认为,以探求真理为手段来揭露虚假是一件有价值的事。在《敌基督者》中,他呼唤由"所有迷信的两大劲敌,即语文学与医学"所发现的"实在",以此来反对基督教的谎言《敌》-47)。在反击牧师谎言的过程中,如果不使用真理,那么任何猛烈的抨击都将是毫无意义的。

不过,在尼采看来,为追求真理而奋斗,这种行为依然是不可理喻的。毕竟,当我们发现自我只是幻象,所有生命都将灭亡,慰藉苦难的慈爱上帝并不存在的时候,我们不会感到愉悦。事实上,许多谎言不仅会带来愉悦感,还会带来益处。人们之所以探求真理,可能是因为他们不想被骗,也就是说,他们想要审慎行事;不过,有些谎言是有用的,而有些真理却可能具有破坏性。考虑到这一点,如果一个人总是偏好真理的话,其中的原因就不容易解释了。因此,求真理的意志一定与审慎行事无关,而与道德有关,也就是说,它是"建立在道德基础上的"《快》-344)。这也引出了道德起源的问题,尼采会在《道德的谱系》中探寻它。

尼采在后期著作中常常提到探寻真理的两大障碍,即

"主观视角"和"诠释"这两个概念。有人认为,第一个提出"主观视角论"学说的就是尼采。不过,这个词他本人只使用过一次(《快》-354)。尼采解释说,我们与动物都有意识,这种意识的本质意味着我们所感知到的只是被筛选和被简化之后的世界——在这个版本的世界中,所有细节都被转化成笼统的符号[28]。所以,在《道德的谱系》中,尼采对与科学客观性有关的标准概念提出了挑战,康德提出的"无私的快乐"有多荒谬,那些标准概念就有多荒谬。"主观视角下的观看是唯一一种观看,主观视角下的'知识'是唯一一种'知识'。"(《道》-3-12)

尼采说,所有知识都来自一种主观视角。有人认为他实际上是说所有知识都具有同等的虚假性[29],果真如此的话,他就陷入了克里特人的谎言者悖论("来自克里特的埃庇米尼得斯说,所有克里特人都说谎")。如果所有知识都来自一种主观视角,那么该说法本身也一定来自一种主观视角,这也就意味着还存在另外一种主观视角。从那个角度出发,并非所有知识都来自一种主观视角。一些评注家努力将尼采从自相矛盾中解救出来。他们指出,主观视角下的知识不一定是假的,它只是不完整的[30]。尼采自己说,无论什么问题,如果想要更好地观察它,就必须综合各种主观视角:"眼睛越多,借由它来观察同一问题的不同的眼睛越多,那我们对这个问题的'构想',即我们的'客观性',也就会越完整。"(《道》-3-12)[31] 无论如何,不同的主观视角的效能是不同的:不成熟的观察者会认为地球是平面的,而科学家知道地球是圆的,前一种主观视角明显劣于后一种[32]。

尼采认为,即使是科学知识也只是在隐喻的指引下对世界进行的一种诠释。在这一点上,他似乎再次表现出完全怀疑论的态度。当物理学家认为自然受制于不变的规律时,他实际上把"法律面前人人平等"的现代民主价值观投射给了自然。也可以用另一套隐喻来描绘自然,在那套隐喻(稍微发展了一下尼采的论证)中,重力和磁力可以被描述为对权力意志的表达,由此,磁铁命令铁屑接近自己(《善》-22)。

这种说法相当大胆,但并非毫无意义。为了更好地理解这个问题,我们可以将其与文本诠释比较。如今大多数人认为诠释者无法为所有文本提供完整的诠释,甚至无法为与诠释者所处时间和环境完全不同的某一个文本提出完整的诠释。如果我们遵循尼采的观点,把世界视为一个文本,就可能会有无数个诠释。一些诠释优于另一些诠释,但没有任何诠释是完整的或者永恒的,也没有哪个诠释能够证明自己是绝对的权威。与文学中的文本一样,世界这个文本也只能通过诠释来获知,但这世界并不是由诠释者创造的。同样,对于实在,我们拥有许多不完整的主观视角，但实在本身并不是由我们的主观视角产生的。

尼采之所以谴责以前的哲学家，并不是因为他们认为真理是可能的，而是因为他们过于自信地声称自己拥有真理。尼采不相信教条的断言，他主张开诚布公的探究、思想实验、思索推测。未来的思想家将是"哲学家，他们会提出危险的'也许'"（《善》-2），此外他们也会是探寻者（Versucher，意思是"实验者"和"尝试者"，《善》-42）。

自然人

谈到道德时，尼采提出了"道德观念的自然史"。这个表达方式与长期以来的启蒙运动思想传统有关。该传统尝试将人类道德和宗教情感归结为自然起源，而不是归结为超自然起源[33]。尼采继承这一传统，坚持彻底的自然主义，也就是说，他眼中的人类完全是自然的一部分[34]。尼采提议"把人重新送回自然；如今，'自然人'这永恒底本之上已经被潦草地涂满了诸多空洞、花哨的诠释与衍生含义，要让人来制服它们"（《善》-230）。

人是一种动物，但人到底是什么样的动物呢？与其他动物不同，人的本性仍在发展：他是"本性尚未固定的动物"（《善》-62）。所以，人很少能够达到他原本能够达到的健康状态。在大多数情况下,人都是"病态的动物",是"所有病态动物中面临危险最多的、病史最长和病情最重的"[01]《道》-3-13)。但恰恰是他的病态,他与动物本能的疏离,让对他的研究充满价值:"相对而言,人是动物之中最失败、最为病态、最危险地偏离了本能的一种——当然,也因为所有这些而成为最有趣的一种!"[02]《敌》-14) 人性这个研究领域相当迷人、值得分析,一部分原因也在于,人的本性尚未固定下来,仍然需要外界指导才能继续发展。在过去两千年里,欧洲的人性由基督教塑造,并受到基督教的伤害;尼采想告诉人们,如何才能治愈这种伤害,如何才能将人性引向一个新的方向,使其潜力得到发挥。

《善恶的彼岸》中题为"论道德观念的自然史"这一节中,尼采抱怨说,哲学家们总是把自己的道德视为理所当然,并试图为其提供理论依据,但他们的讨论对象本应是道德本身。没有唯一的道德:在世界各地,纵观历史,无论过去还是现在,都有许多不同的道德。古希腊允许奴隶制和种族灭绝,它的道德观与欧洲现代道德观不同,这一点尼采已经介绍过了。大多数情况下,道德行为的基础

---

[01] 摘自尼采:《道德的谱系》,梁锡江译,华东师范大学出版社,2015年。——译者注
[02] 摘自尼采:《敌基督者》,余明锋译,商务印书馆,2016年。——译者注

并不是理性,而是尼采早先所说的"习俗道德"。习俗已然根深蒂固,成了人的第二本性、一种本能。雅典人恼怒于苏格拉底,因为他们像所有贵族一样凭本能行事,而且无法向他提供自己之所以如此行事的理由《善》-191)。说起来有些夸张,但当被问及原因的时候,贵族只回答了一个"因为";因为适合我们所处地位的所有行为都是在传统和惯例的灌输下形成的。在尼采看来,"我为什么要这样做"是平民提的问题;这个问题的前提假设——行为以功利为基础;"我的行为能够实现什么目的"这样的问题很容易把人引向"这件事对我有什么好处"这种庸俗、利己的讨论。

道德往往以不光彩的实用性目的为基础。许多看上去符合道德观念的戒律都是一条条审慎的建议,尤其是那些与自我控制有关的劝告。无论是斯多葛派建议的"不动心",还是万事有度、过犹不及的主张,所有这些劝告都传达了在激情面前体验到的恐惧情绪。必须克制情绪,否则失控的情绪就会导致危险《善》-198)。倡导过犹不及的人最害怕的就是尼采所说的那种"捕食者"(即捕食型的人,类似于词语"捕食型的野兽"),其代表人物是文艺复兴时期那些无所顾忌的贵族,如切萨雷·波吉亚。1513年,马基雅维利写了《君主论》,这是一本为统治者编写的无视道德的行为手册。书中，马基雅维利赞扬了波吉亚，同时还建议说，统治者应当将狮子的无情与狐狸的狡猾结合起来。尼采认为，波吉亚这样的人属于"热带型"，就像热带地区盛产的那些繁茂植物（《善》-197）。有些人热衷于诋毁这类热带型的人，说他们是病态的，内心深处是不快乐的。可事情并非如此，事实上他们是极其健康的，但他们肯定也是危险的。

因恐惧而引发的道德来自犹太人。他们的先知把"富有""不敬神""邪恶""暴力"和"感性"等词混在一起，把它们视为"世界"的属性并加以谴责（《善》-195）。于是，他们也就完成了拒绝世界这项非凡壮举（除了世界之外别无他物，所以拒绝世界就相当于拒绝实在），并开始了尼采所说的"道德观念领域的奴隶起义"（《善》-195）。《道德的谱系》这本书将会讲述这段起义的历史。不过，在《善恶的彼岸》中，尼采也为读者提供了一段预读，简要介绍欧洲道德观念的历史（《善》-199）。在这里，他将命令者和服从者放在对立面上。这两种类型之间的对比至关重要。绝大多数人都属于服从者，他们已将命令内化于心（例如《十诫》中的那些"不可"），由此塑造出了良心，并服从这样的良心。最后，顺从成为普世行为。即使是有能力下命令的人，也会掩饰自己的本性。在发号施令的时候，他们说自己只是臣服于某个更高的权威（宪法、法律或上帝的权威）。这就是当今欧洲的状况：少数命令者站在一大群服从者中间，不敢以自己的名义发布命令；而服从者呢，他们眼中的道德都是有利于群体的做法，例如仁慈、怜悯、节制、实干等。

如今欧洲的主流道德是群体道德，以恐惧为基础（《善》-201）。它自称是唯一的道德，它宣扬仁慈、温和、人道主义，它谴责贪婪、狡猾、冒险、复仇、权力欲等危险的冲动，因恐惧而起的道德甚至主宰了刑法。群体发言人坚持认为，尽管罪犯对社会构成了威胁，但他们不应该受到惩罚，因为那些刑罚太残忍了；罪犯最多只应被关起来，让他们无法再造成伤害。从群体中脱颖而出的个体同样会受到谴责；如今，平庸才是美德。群体道德追求平等。民主精神宣称人人平等，所以这种精神是基督教的继承。此时，它真正希望的是让群体在没有名义上主宰者的情况下也能自主运作，由此来改造社会。与此同时，无政府主义者威胁民主精神和民主主义者，毫不掩饰自己意图破坏社会的意图。

尼采认为，过去乃至现在都存在着多种道德，有些道德相对粗糙，有些道德相对精致。所有这些道德可以被分为两种基本类型：主人道德和奴隶道德（《善》-260）。贵族会区分"好"和"坏"这两个类别，其中"好"意味着"高尚"，"坏"意味着"卑鄙"；但这些并不是道德判断，而是美学上的描述。这些类别被用来描绘具体的某个人,而不是抽象的品质。贵族觉得自己是好的,因为他拥有权力感、幸福感、财富感。他鄙视那些懦弱、胆小、只关心自身利益的人,那些怀疑别人的人,那些奉承和撒谎的人,那些驯服地忍受虐待的人。

贵族不自私,但他帮助别人的行为并非出于怜悯,而是他发挥自身力量的一种方式。他体验到的情绪不是同情。尼采引用过冰岛萨迦中一位英雄的骄傲话语:"奥丁在我胸中放了一颗坚硬的心。"(《善》-260)可能有人会认为尼采对同情心的排斥是他的哲学中最令人讨厌的特征之一,然而正如他自己所指出的,这一主张拥有悠久的哲学血统,从柏拉图到康德(《道》-前言-5)。尼采熟悉斯多葛派的思想,该派别认为,智者应该在情感不受干扰的情况下有好的行为,"心境平和、神态自若。所以,智者不会去怜悯,而是会去提供帮助、获得收益"[35]。康德认为,某个好的行为,如果它源自某种"倾向"(例如,感受到怜悯,于是想要去帮助某人),就不值得称赞。只有当人意识到自己的道德责任的时候,这个行为才值得称赞[36]。尼采说,感受到同情心的人会被这种同情心破坏并削弱。这种说法更像是斯多葛派,而不是康德提出的。不过,尽管尼采偶尔也会表现冷酷无情,但排斥同情心与单纯的冷酷无情并不相同(《敌》-2)。

贵族不承认任何普世价值观。他们是保守的,他们尊重年龄与传统。站在他们对立面上的那些人则受到了关于进步的现代思想的吸引,此类思想重视未来、轻视过去。贵族内部互相打交道的时候,他们会遵循荣誉准则。此外,由于他们的荣誉感很容易被冒犯,因而这荣誉准则也界定了复仇的方式。其他人,即奴隶类型的人,都存在于荣誉准则之外,可以被随意对待。奴隶们是功利主义者。他们觉得某些行为和品质是有用的,于是就会重视它们,怜悯、助人为乐、耐心、谦逊都属于此类——但这些品质并不源于心地善良;它们是奴隶得以在残酷主人统治下生存的必要条件。其实,就算是在奴隶之间,约定俗成的现代意义上的"好人"——也就是善良且无害的人——也会遭到某种程度的鄙视,因为这样的好人不会构成任何危险。主人会构成危险,所以奴隶尽管恨他们,但也依然害怕他们、尊重他们。最后,奴隶不懂得什么叫敬畏,这是因为为理想而奉献自身似乎只是另一种约束,是对个人自由的束缚。与此同时,主人却懂得什么叫敬畏,懂得敬重理想。正是出于这个原因,宫廷爱情的理想(以精神激情形式存在的爱情)才会在中世纪普罗旺斯的封建领主之间发展起来。

如果熟悉此处描述的这两套互相抵触的价值体系，就很容易找到例子。狄更斯 (Dickens) 的《大卫·科波菲尔》(David Copperfield) 就描写了这样的对立。上学时以及离开学校之后，大卫把潇洒英俊、天赋禀异、满是自信、魅力无穷、来自上层社会的斯蒂福当作英雄来崇拜，后者的自私以及他对下层社会及人民的蔑视根本不会妨碍大卫的崇拜。斯蒂福的对立面是乌里亚·希普 (Uriah Heep)。他是一个野心勃勃、狡猾鬼祟、身形可憎、来自中下层社会的律师，人人都知道他那虚伪的谦逊嘴脸。斯蒂福把大卫视为下等人，并因此而保护他；希普把大卫视为上等人(社会地位及美德层面)，并因此而憎恶他。

《道德的谱系》

　　如果不考虑《不合时宜的考察》中的几篇文章，那么《道德的谱系》是尼采继《悲剧的诞生》之后首次摒弃长串关联警句的形式，再次尝试书写的一部具有连贯性的专著。它由三篇论文组成，每篇都是短小的、警句式的小节，同时多次离题漫谈，但整体结构还是相当清晰的。这本书从以原始人类社会为主题的第一篇论文开始，逐渐过渡到第三篇结尾处对未来的黯淡展望。

不过,"道德的谱系"这个标题让一些评注家感到困惑。什么是谱系?有人曾给出一些详尽解释。读者在阅读这些解释的时候,可能会认为"谱系"是尼采思想中的一个核心概念[37]。实际上,在尼采生前出版的著作中,"谱系"这个词只出现过一次,就是本书的标题。尼采在描述他不赞同的作家时,会说他们的想法都是些"谱系假设"(《道》-前言-4)。这样看来,他自己的分类方法与其他那些道德观念史书籍并没什么根本上的不同[38]。

尼采继续解释说,其他道德史学家,尤其是他的昔日好友保罗·雷在《道德感的起源》中所借鉴的那些英国作家,他们笔下的道德史都是基于假设的。尼采宣布,他不会将其"假设成蓝色",他会选择"灰色,也就是说,那些有证据记载的、可以真实确定的、真实存在过的东西。简言之,那是有关人类整个漫长道德历史的难以辨认的象形文字!"[01](《道》-前言-7)。他的道德观念史将以史料证据为基础。这些史料包括古代法典、英雄史诗和传奇、与现存"原始"社会有关的信息、与过去价值观有关的证据(词源学家在文字中找到的残存痕迹)[39]。以此为指引,人们甚至可以去探究文字出现之前的情况,找到与我们远古祖先的生活方式和

---

[01] 摘自尼采:《道德的谱系》,梁锡江译,华东师范大学出版社,2015年。

道德价值观有关的证据。因此，尼采给出的道德史在很大程度上是一部情感史，它要求我们凭借想象力走入与我们自身文化截然不同的那些过往文化的情感[40]。所以，可以将本书视为尼采在早期出版物中所做的那些努力的延续。一方面，他想指出古希腊人与现代欧洲人多么不同，另一方面，他也想帮助我们，让我们把自己投射到过去的精神世界，由此来超越狭隘的现在。

在第一篇论文中，尼采带我们回到了由战士组成的古代社会，这些战士的生存准则就是尼采先前所说的"主人道德"。尼采是古典学者，这些线索明显是他从《伊利亚特》所描绘的青铜时代社会中得到的；此外，他还以维京人、日耳曼部落和日本武士为例，在其他地方，还说过记录"主人道德"的最重要史料是冰岛萨迦（《瓦》-后记）[41]。19世纪末，有一个观点相当流行：公元前2000年至公元前1000年时，一个由浅色毛发战士组成的社会（可能来自俄罗斯南部）征服了居住在印欧大陆的深色毛发种族，建立了古印度文明并传播印欧语。尼采坚信这一观点[42]。正因为如此，他才做出了那些有意思的推测：在印欧语系中，"浅色毛发"和"贵族"这两个词有关联，"深色"和"坏"有关联；此外，现代欧洲民主和社会主义代表"巨大的返祖现象"，对"征服者和主人种族——雅利安人"产生了威胁(《道》-1-5)⁴³。

尼采断言,这些征服者首先建立了国家:"一群金发野兽,一个征服者和主人之种族,他们为战争而联合起来,并且他们有力量组织他人,他们毫无顾忌地将魔爪伸向那些在数量上或许占有优势,然而却没有组织形态、四处游荡的种族。"[01](《道》-2-17) 这就是尼采眼中国家的暴力起源。可以看出,他和在他之前的休谟一样,与从霍布斯到卢梭的政治理论传统割裂。在他眼里,政治社会并非起源于原始社会契约⁴⁴。

尼采笔下的那些原始战士彼此之间互相敬重,但在对待手下奴隶的时候却会肆意妄为。他们总是可以向手下发泄自己的攻击冲动,所以从来不会感觉到受挫。对奴隶而言,战士的行为方式与那些捕食型野兽没什么不同,他们就像"金发野兽"(狮子)——"幸灾乐祸的怪物,在犯下了一系列骇人听闻的凶杀、纵火、强奸、暴力的罪行之后,他们或许还会得意扬扬、心安理得地扬长而去,仿佛只是完成了一场大学生式的恶作剧而已,甚至还相信,在很长时间之内,诗人们也会因为他们的作为而又有了值得吟唱和赞颂的素材"(《道》-1-11)⁴⁵。

---

[01] 摘自尼采:《道德的谱系》,梁锡江译,华东师范大学出版社,2015年。——译者注

原始意义上的主人超越了善恶，换句话说，那时还没有出现这种划分。他们只知道好与坏，他们把自己与同类定义为好的，把与自己不同的其他人定义为坏的。但"坏"所表示的并不是一个道德概念。坏奴隶不邪恶，就像坏苹果不邪恶。主人看不起手下的奴隶，但并不恨他们。他们的确是野蛮人，极端残忍，可与此同时，他们身上又充满了肯定生命的能量与快乐。

不过，如果这个贵族阶层中也有祭司的话，就孕育了导致自身衰落的种子。最初的祭司可能是个身体虚弱的人，所以他无法像同伴那样毫无顾虑地发起进攻。他不爱运动，总是在思维反刍，设计了斋戒、禁欲、自我隔离等仪式，与战士们的自然思想、健康思想背道而驰。更糟糕的是，他由于无法通过外部活动来发泄自己的挫败感，便转向了自己，让自己心中生出了恶意、仇恨和狡猾。因此，从某个角度来说，祭司是危险的，但战士们则不是。不过，祭司的思维深度也因此而越来越深，达到了战士无法企及的深度。战士没有思想，甚至可以说是幼稚的。在祭司身上，人类第一次变成了"一种有趣的动物"《道》-1-6）。

因此，祭司的地位使他能够对奴隶行使一种新的权力。战士用身体力量压制奴隶，祭司用道德力量控制奴隶。在祭司的教导下，善与恶、美德与恶习的概念被发明出来。出于某种未知原因，道德观念领域的奴隶起义开始了。面对主人，奴隶们感到愤恨：这不是简单的怨恨之情，而是一种挥之不去、让人咬牙切齿、难以消解的复仇欲望。然而，在奴隶起义中，这种愤恨情绪生发出了创造性[46]。奴隶们重新评估主人与自己的品质，主人的自满和骄傲在他们眼中成了罪恶的傲慢，主人的暴力和残忍受到了谴责。奴隶们把自己的被迫服从视为美德，然后又重新定义自己的顺从，把这种行为视为谦卑。由于他们没有机会对主人进行复仇，因而便把复仇描述为一种罪恶。

尼采认为，此类奴隶起义起源于犹太人，他将后者称为"祭司的民族"（暗指公元前6世纪犹太人被巴比伦囚房，在返回后由祭司统治的那件事）。奴性道德观念是基督教的基础。当然，他这是在以片面的、有恶意的方式来看待基督教，不过这种看法并非毫无根据。如果我们带着尼采的观点重读"天国八福"就会发现，"心灵贫穷的人有福了！因为天国是他们的"，"谦和的人有福了！因为他们必承受土地"《马太福音》第5章第3节和第5节）[01]。根本不需要读尼采针对基督教写的那些引战文我们就可以看出，这里在提倡这些美德的时候并没有把它

---

01 摘自《圣经》（和合本修订版），中国基督教两会，2012年。——译者注

们本身视为美德，而是把它们当成一种手段，通过它们来谋求巨大回报。尼采的笔记也谈到了这一点 (KSA-12-576) [01]。尼采认为，基督教保留了祭司式的仇恨。为了说明这一点，他引用教父特土良 (Tertuliano, 约公元160—约225) 的一段长文。在这段文字中，特土良称，蒙受恩宠的灵魂可以在天堂中享乐，其享乐方式之一就是畅想受罚之人所受的折磨 (《道》-1-15) [47]。在这致奴隶的宗教中，虚伪为仇恨提供了一套伪装。征服罗马帝国的正是这种宗教。犹太人通过基督教的胜利成功报复了他们以前的压迫者。尼采指出，在今天的罗马，人们的致敬对象是三个犹太男人和一个犹太女人——耶稣、伯多禄 (第一任教宗)、保禄和圣母玛利亚。

本篇最后，尼采简要指出了故事的发展方向，法国大革命体现了平民对贵族主人的怨恨，开启了民主的时代。不过，还有一个信号指向另一个方向，这个方向更加包含希望，它将重塑少数人对多数人的统治权威。这个信号就是拿破仑的出现 (《道》-1-16)。

第二篇论文《罪欠、良知谴责及相关概念》重回史前时代，从头开始，探寻从那时通往当下的多条路径。它

---

01 参见尼采遗稿1887年第10组第200节。——译者注

重新梳理了责任的发展历程：起初动物只活在当下，后来现代的、成熟的、有主权的个体出现了，这些个体在良知的指引下履行自己的责任。尼采发问：大自然是如何创造出一种能够做出承诺并遵守承诺的生物的呢？健忘的野兽永远生活在永恒的当下，但新的生灵却不同，他们记得过去，也懂得计划未来。

尼采的解释极为曲折。他提供了两段相互交织的总叙事，每一段中又结合了几段子叙事。这两段总叙事都基于同一条信念：只有通过长期的、痛苦的训练才能发展出记忆和责任。"'人们将某个东西烙印在身体上，为了使其保留在记忆中：只有不断引起疼痛的东西，才能保留在记忆中。'——这是地球上最古老（可惜也是最长久）的心理学的一条定律。"[01]（《道》-2-3）

第一段叙述涉及"罪欠"的发展过程。它基于一种语言现象：德语中"罪欠"这个词兼具"罪"和"债"的意思。在这种一语双关现象的鼓励下，尼采提出了彻底的物质性的罪欠谱系——罪欠来自债务。起初，受害方能够向伤害他的人发泄内心的愤怒。后来，古代社会对受害方能够采取的报复行为做出了一些限制，同时引入了一种类似

---

[01] 摘自尼采：《道德的谱系》，梁锡江译，华东师范大学出版社，2015年。有改动。——译者注

于税费的东西。《圣经·旧约》规定"以眼还眼"(《出埃及记》第21章第24节)——也就是说,如果有人打坏了你的一只眼睛,你也可以夺去他的眼睛,但只限一只,不能是两只。或者,除了回以同等暴力之外,也可以让加害方提供补偿,就像在商业交易中似的(《道》-2-8)。再后来,债权人不再是个人,或者说债权人不再只是个人,而是整个社会;罪行被视为针对社会犯下的罪,需要由法律来制定对其的惩罚方式。在原始部落社会中,部落拥有自己的主权:假定祖先被擢升为神,成了部落的代表。此时,犯罪行为必须通过仪式和忏悔来洗赎。最后,人们又发明了一神论,基督教的"上帝"出现了,他是"至高无上的神",他极为强大,以至于任何冒犯他的行为都是无法被忽视的。如果不是基督教同样做出了上帝牺牲自己为人类偿债这一令人震惊的壮举,那么人类恐怕仍陷在永远无法逃脱的债务噩梦中呢(正如圣公宗圣诗所说:"无论什么/都无法偿清罪过。")。

该叙述本身并不能解释"债务"这一物质概念是如何转化为"罪欠"这一心理概念的。在谈及"罪欠"这个词的时候,人们往往认为"债务"只是一个比喻。所以,尼采不得不回到本初,再解释一遍。这次,他要解释的是,原始战士那种快乐的自我满足是如何变成压在基督徒身上的良知谴责、罪欠感和罪过感的。尼采认为,早期人类被迫开始社会生活，不得不接受社会的禁锢。刚刚开始出现这种情形的时候，人的自然本能受到了打压，只能转向内在。"一切不向外在倾泻的本能都转向内在——我称其为人的内在化：于是，在人的身上才滋生出后来称之为人的'灵魂'的东西。"[01]（《道》-2-16）早期人类就像刚开始在陆地上生活的海洋生物，在陌生环境中痛苦地逼着自己前行；他们也像被关在动物园里的野生动物，徒劳地撞向笼子围栏。国家可能就是在那个时候出现的，或者在那之后。国家并非起源于社会契约，而是起源于残酷的征服行为：一个由战士组成的精英阶层依靠其力量统治了人数更多但组织性更差的人群，最终令后者感到自己低劣且有罪（也许就是通过第一篇论文中提到的祭司的方法）。

这两段叙事，一段关于债务，一段关于罪过，但都与"残忍"这个概念有关。一些古代法典（例如罗马《十二铜表法》）允许债权人切割债务人的一部分身体抵债，正如《威尼斯商人》(The Merchant of Venice) 中夏洛克 (Shylock) 想对安东尼奥做的。这种做法似乎毫无意义，债权人无法因此而重获失去的财产。但是，在尼采看来，这种做法带来了人们在观看残忍景象时才会有的那种快感，或者说，在施暴时才会有的那

---

[01] 摘自尼采：《道德的谱系》，梁锡江译，华东师范大学出版社，2015年。有改动。——译者注

种快感。如果想让人类这种动物获得记忆，就必须通过残忍的惩罚来进行训练。纵观历史，残忍行为一直都是快乐的来源。1532年，查理五世颁布了《加洛林刑法典》，其中设置了死亡轮等野蛮刑罚；此类例子不胜枚举[48]。为了惩罚罪人，人们给出了各式理由——报应、赎罪、改造、威慑等。尼采快速地介绍了各种理由，之后，他提出，所有这些理由只是障眼法，其目的是掩盖残忍行为带来的那种基本快感，而这快感恰恰就是权力意志的体现（《道》-2-13）。良知谴责也是残忍行为的一种形式：一个人先将罪过感内化于心，然后再将良知谴责这种残忍行为加诸自己、惩罚自己。

不过，尼采认为良知谴责的存在也是有意义的。至少，作为道德史上的一个阶段，它是有意义的："良知谴责是一种病，但它又是一种如同妊娠的疾病。"[01]（《道》-2-19）它极大地拓展了人类的内心生活，挖掘了心理深度，但是在它的影响下，人类会否认自己的本性并去谴责那些自然而然的行为，在假想的未来世界中寻求救赎。如何才能解放人类？只有通过破坏，"为了建起一个神龛，就必须打碎另一个神龛"（《道》-2-24）。完成这一毁灭性任务的人必须

---

[01] 摘自尼采：《道德的谱系》，梁锡江译，华东师范大学出版社，2015年。有改动。——译者注

具备创造精神,必须懂得崇高的爱与崇高的恶毒,必须把人类从关于另一个世界的理想所强加的诅咒中赎回来(尼采用了"erlösen"这个词,既指经济方面的赎,也指宗教含义的赎)。尼采只是他的弟子,而他本人就是"不信神的查拉图斯特拉"。

第三篇论文不是一段历史叙事,而是一场探究行动,旨在探讨历史上多次出现的一个明显矛盾——禁欲主义,或者说自我克制。禁欲者拒绝感官享受,甚至常常放弃性行为,放弃物种繁衍机会。可生命怎么能反过来反对生命?意志怎么能反过来反对意志?还有一点尤为重要:在这个由生命意志和权力意志驱动的世界里,禁欲行为到底扮演着怎样的角色?从进化的角度来看,独身和禁欲到底有何目的?

尼采将奉行禁欲主义的人分为三种类型:艺术家、哲学家和祭司。每一种类型都有其各自的理由。关于艺术家,尼采没有什么可说的。他们奉行克己行为的原因有很多,无论出于哪一种原因,这些人都不具备作为艺术家的个人的价值观,他们的价值观来自某个哲学或宗教权威。正因为如此,瓦格纳才吸收了叔本华的教导,认为音乐贴近意志,是支配世界的形而上的原则,于是又相应发展出一种新的乐剧形式,将音乐当作其中的主要元素(《道》-3-5)。瓦格纳还从叔本华那里学到了一点,即站在禁欲角度上诋毁感官，这一点体现在他的最后一部作品《帕西法尔》(1882) 中。对尼采来说，这部作品满是令人作呕的基督教语境和对贞洁的赞美。尼采还攻击美学中的禁欲主义理想，尤其是康德的说法，即艺术作品要求我们进行无欲无求的忘我沉思。在反驳该观点的时候，尼采举了司汤达的例子。后者认为，艺术中的美是"对幸福的许诺或前瞻"[49]。此外，尼采将康德的理论与叔本华的主张联系起来。后者认为，艺术的乐趣在于将我们从意志的压力下暂时解放出来，让我们免受意志的奴役。对此，尼采的评论堪称尖刻。他说，叔本华其实是在说，我们受到未被满足的性欲的重压，而艺术则能将我们从中解放出来。虽然叔本华只评论了特定几位艺术家和美学家，但尼采的观点是，此类人否认欲望的首要地位，在这点上他们根本是不诚实的。

总的来说，哲学家们表现得更好。尼采发现，大多数伟大的哲学家都没有结婚：赫拉克利特、柏拉图、笛卡儿、斯宾诺莎、莱布尼茨、康德和叔本华都是如此（我们还可以加上霍布斯、洛克、休谟、克尔凯郭尔、尼采本人以及20世纪的维特根斯坦）。他们之所以保持单身，并不是出于任何道德层面上的贞洁承诺，而是出于完全注重实践的、脚踏实地的原因，即哲学需要他们把所有时间都用于艰苦的思考，与照料婚姻和家庭的生活无法相容。同样，由于哲学家的追求，他们通常都过着安静、有节制的生活，他们避开名利，不愿与王公贵族交往。在历史上大部分时间里，哲学倾向于质疑、分析、暂缓判断，遭到社会的反对，所以哲学家们的低调是明智的。古代印度婆罗门走得更远：他们践行令人咋舌的自我折磨行为，以此来强化自己的权威，让普通民众产生恐惧感和敬畏感。因此，哲学家们的禁欲主义通常而言是没有问题的。

在该篇论文的最后一个部分，尼采谈到了学者的禁欲主义。不过，在此之前，他花费了大量篇幅来分析祭司，此类人物更为复杂。在祭司身上，生命果断地转为反对生命，反对性行为，反对传宗接代，反对乐趣。实际上，这是在反对世界；在印度吠檀多派的经文中，祭司会否认整个物质世界，认为它是一个错误或一场幻觉（《道》-3-12）。不过，祭司对生命的敌意一定能够以某种奇怪的方式为生命服务。

尼采的解释是，大多数人都是病态的。其他动物能够很好地适应其环境，但人不同，人总是感到不舒服、不满意，他渴望更好的东西；尼采对人的定义是"病态的动物"（《道》-3-13）。大多数人都不快乐、不健康，不但无法享受生活的乐趣，甚至还要忍受厌恶和憎恨的摧残。不过，在极其偶然的情况下，有了某个幸运的机会，一个强壮、健康、快乐的人诞生了（尼采最喜欢的例子是歌德）。病态的人威胁着这些例外的人。病态的人可能会合谋，一起破坏健康的人。其破坏途径并不是单纯的身体攻击，而是谴责健康的人渎神、邪恶、有罪，从而向健康之泉中投毒。这就是第一篇论文中所说的道德观念领域的奴隶起义。通过起义，奴隶们改写了主人的价值观，继而谴责主人。

但还存在另一种危险，这种危险来自健康的人本身。这些人身体强壮、慷慨大方，容易对病态的人产生同情心，想要照顾他们、治愈他们。这将是一个致命的错误。病态的人得的可是不治之症，而且他还可能把自己对生命的厌恶传染给健康的人，把那未来的拯救者逼入绝望之境。除了健康的人，没有谁能阻止人类的堕落（在尼采看来，这种堕落正在迅速发生），也没有谁能够带来全新的、更强大的人——我们可以说，那是一种能够响应查拉图斯特拉号召的人。

此时，祭司出面了。他是生命的敌人，但不知不觉中，他也在为生命服务。他把病态的人当作畜群关在一起，自己做牧人（在这里，尼采恶意地引用了《福音书》的意象）。祭司也是病态的，所以能理解那些追随者，并把他们关在一起。当然，他的权力意志比追随者更强。他自称医生，但在治疗追随者的伤口时他只会滴入毒药。他让畜群保持低活力状态。尼采认为，这种状态就像许多动物的冬眠行为。祭司规定，追随者必须进行机械性的活动（祈祷），并被允许获得一些小乐趣，例如以团结为名义的相互帮助。他鼓励他们心中升起罪欠感、负罪感，也鼓励他们把畜群看得比组成畜群的任何个体更加重要。

　　畜群不仅不快乐，还可能存在饮食不当或血液循环不畅的问题，于是患有各种身体疾病。无论他们的痛苦来自身体层面还是来自情绪层面，他们都试图通过培养其他情绪来减弱这种痛苦、分散自己的注意力。具有讽刺意味的是，他们培养出的这些情绪本身可能也会带来痛苦。祭司鼓励追随者仔细检视自己过去的生活，思考自己多么有罪，以此来折磨自己。这种做法至少为追随者的不快乐状态赋予了意义：要知道，最痛苦的莫过于无意义。他们为自己的不快乐状态找到了一个罪魁祸首。很明显，他们找到的罪魁祸首就是那健康的人，把他当作替罪羊。但在这里，祭司发挥出他在生命演化过程中的作用。他告诉畜群，他们之所以不快乐，原因在于他们自己，在于他们的罪恶本性。如果一只生病的"羊"抱怨"我在受苦：这一定是什么人的罪过"，祭司就会回答："完全正确，我的羔羊！一定是什么人的罪过：不过这个人就是你自己，你只是你自己的罪过——你就是你自己的全部罪过！"[01]（《道》-3-15）为了进一步分散他们的注意力，祭司允许他们以多种方式发泄情绪，比如为他们那假想的罪而忏悔、悔恨、恐惧、自我惩罚，或者通过多节鞭和粗毛布衣来进行自我折磨。追随者们非但不反感祭司引致的痛苦，反而要求经受更多痛苦。在他们这样做的同时，健康的人安然无恙。

这段有关宗教实践的叙述不仅适用于基督教，同样也适用于印度教和佛教。其中，尼采多次提到生理学。在《善恶的彼岸》的开头，尼采曾希望心理学能够取代哲学，成为诸门科学之女王。然而，在《道德的谱系》的结尾，他将心理学归入生理学。在尼采看来，教众的不快乐是生理性的，他们寻找替罪羊的做法是一种生理性的结果。因此，尼采再次提起第一篇论文中使用过的愤恨概念。不过，这一次，他又为它赋予了医学基础（《道》-3-17）。尼采更进一步从医学层面上勾勒出欧洲的历史。欧洲周期性地陷入生理性萧条局面，原因可能在于不同种族或阶级的融合，可能在于不良的饮食习惯（尼采谴责酗酒和素食主义）[50]，可能在于疟疾和梅毒导致的血液中毒。主张禁欲的祭司鼓励人们相信自己有罪，然后践行忏悔，于是情况变得更糟了，

---

01 摘自尼采：《道德的谱系》，梁锡江译，华东师范大学出版社，2015年。有改动。——译者注

引起了许多匪夷所思、歇斯底里的活动,例如中世纪晚期有目共睹的狂舞热和困扰早期现代欧洲的猎巫热。因此,禁欲祭司施行暴政的手段,与其说是洞察人类心理,不如说是操纵追随者的生理机能。

在《道德的谱系》的结尾,尼采审视了知识的可能性以及求知者(学者和科学家)的动机。前文有一段明显的离题漫谈,提出了主观视角这个话题。其实,那是结尾部分的铺垫。尼采在此处给出了关键论点:任何知识都不可能完全脱离情绪[51]。一个人如果想要做到客观处事,就不能尽力摒除所有情绪,而应该努力体悟各种情绪(《道》-3-12)。

这种知识获取形式特别适合《道德的谱系》。在这本书中,尼采尝试借助文献和想象力来重建过去的道德规范及其相应的生活方式[52]。如果想要理解这些道德规范,就必须想象一下,贵族愉悦杀戮或奴隶畏缩怨恨是什么样的感觉,或者兴味十足地观看罪犯受折磨致死是什么样的感觉。在《论历史学对于生活的利与弊》中,尼采曾经批评专业史学家,不赞同他们所践行的跳出历史看历史的方式。可以看出,《道德的谱系》所展示的这种研究历史的方式与专业史学家的方式有着很大的不同。尼采的方式回应了他早先对"伦理和宗教情感的历史"的渴求(《漫》-16)。为了让人信服,这种方式必须做到研究全面:仅仅从基督教的立场来叙述基督教的起源恐怕是没多少价值的。我们必须在不同主观立场之间游走,"有能力支配自己的赞成与反对意见,有能力公开或搁置自己的意见"[01]（《道》-3-12）。

因此,尼采并没有怀疑认识论。他认为,尽管具有合理的、准确性的知识很难获得,但仍是可以获得的。正因为如此,他才能去研究,看看到底是什么令人们产生了追寻知识的动机。通过科学和考证所获得的知识往往是不受欢迎的。哥白尼发现地球不是宇宙的中心,这使得人类无法再像以前那样自以为是。现代史学家否认历史的任何意义或目的。所有学科都自称不受价值观的影响,它们说自己只是在描述现象,而且它们都认为（尼采在其他地方曾经提到这一点）,我们只是"在一颗垂死星球上生活的聪明的动物"[53]。求真理的意志、不惜一切代价寻找真理的愿望,实际上都是禁欲主义理想的终极形式。

这样的意志激励着现代科学。科学家们承认现实是暗淡的、残酷的、不舒适的,承认我们只是生活在脆弱星球上的短命动物。但是,他们又认为我们必须去扩展并深化这种知识。在《善恶的彼岸》一书的一个相关段落里,尼采简述了宗教的残忍行径历史:首先,人们把自己最宝贵

---

[01] 摘自尼采:《道德的谱系》,梁锡江译,华东师范大学出版社,2015年。有改动。——译者注

的财产献给了他们的神；其次，他们把自己的自然本能献给了基督教的上帝；最后，在科学无神论的时代，他们牺牲了"一切令人欣慰的、神圣的、治愈的东西，(牺牲了)对隐秘和谐、未来幸福和正义的一切希望、一切信仰"(《善》-55)，但却没有得到任何回报。可见，学术探究者是践行禁欲主义最纯粹的例子：

> 我们看到了一束悲哀的、严厉的，但却坚定的目光——那向外张望的眼睛，就像是某位孤独的北极探险家在向外张望(也许这是为了不向内张望，是为了不去回顾……)。这里遍地积雪，这里生命沉默；在这里喊出的最后的啼叫是"为了什么？"，是"徒劳！"，是"虚无！"。[01]
>
> (《道》-3-26)

这啼叫说明，没有任何东西是有价值的，也没有任何东西是有意义的。

禁欲主义的永冻荒原也是甚至更是"虚无主义的"(《道》-3-26)。在尼采生前出版的著作中"虚无主义"这个词只出现过几次，但在他的笔记中该词出现的次数很多，而

---

[01] 摘自尼采：《道德的谱系》，梁锡江译，华东师范大学出版社，2015年。有改动。——译者注

且主要与俄罗斯有关(《快》-347,《道》-3-26)。1887—1888年冬天,尼采做了一大串笔记,标题是《论虚无主义者之心理》,其中大量引自陀思妥耶夫斯基的《鬼》,并提到了斯塔夫罗金和基里洛夫这两位人物(KSA-13-142至150)[01]。尼采所说的虚无主义,不仅是指《查拉图斯特拉如是说》中"末人"所表现出来的对理想的消极漠视,更是意志的一种方向,是"求虚无的意志"(《道》-3-26)。如果你真的认为什么都不重要,那么你可能会转头去肆意破坏、摧毁一切,就像陀思妥耶夫斯基笔下那些虚无主义革命者所计划的那样。正如尼采所总结的,阻碍越大,人的意志越强:"人宁愿愿望虚无,也不愿空无愿望!"[02](《道》-3-28)

与基督教为敌

在崩溃前的最后一年,尼采写了三本书:《偶像的黄昏》《敌基督者》和那本古怪的自画像《瞧!这个人》。在这些书中,他多次重申自己的那些基本理论,不过还是能够从中看到一些发展。尼采的基本原则是"生命",生命只有两个选择:上升(越来越强)或下降(变弱且退化)。与其说生

---

[01] 参见尼采遗稿1887—1888年第11组第332至341节。——译者注
[02] 摘自尼采:《道德的谱系》,梁锡江译,华东师范大学出版社,2015年。——译者注

命存在于思想，不如说生命存在于身体。正因为如此，尼采极为重视生理学，也相当强调通过饮食、运动和卫生来保养并增强体质。强壮、健康的人遵循他们的本能。与其他人相比，他们享受着"更饱满，更挥霍，更充溢"[01]的生活（《偶》-漫游-37）。这样的人是自私的。他乐于成为独立个体，脱颖而出，与他人不同，唤起"距离的悲悯"（《偶》-漫游-37）。他喜欢战争和危险（《偶》-道德-3,《偶》-漫游-38）。他没有同情心，因为同情心会让精神抑郁，导致本应灭亡的堕落者继续活着。

当人们不再相信自己的直觉时，生命便开始衰退，否认本能是颓废的开始（《偶》-苏格拉底-12）。这是在与自己的生理、自己的健康作对。遭受病痛时，人们会去指责某个人或某件事，说那代表着邪恶精神；或者，他们也会把问题归结为自己的天然冲动，谴责它，认为它是邪恶的；再或者，他们可能会将问题归因于社会的不公。人们很容易就会把自己交到祭司手中，而后者也会行使自己的权力，就像《道德的谱系》第三篇论文所描述的那样。颓废者否认生命，将同情心视为美德，将平等当作社会理想。颓废会产生其他错误，例如基于爱情而不是权力的现代婚姻

---

[01] 摘自尼采：《偶像的黄昏》，卫茂平译，华东师范大学出版社，2007年，第157页。——译者注

《偶》-漫游-39）以及女性解放运动，该运动只能吸引无法生育或不适合生育的女性《瞧》-5）。那些偶然出生的、极少数的强者被人们视为妖魔。实际上，"犯罪型的人"是因现代社会而生病的强者；陀思妥耶夫斯基在《死屋手记》(Zapiski iz Myortvovo doma)中描述了西伯利亚囚犯的生活，尼采从中找到了支持自己这一说法的论据[54]。

颓废威胁着现代世界，可能导致其毁灭，而这种颓废主要是基督教的错误。在《敌基督者》中，尼采进一步扩大并简化了贯穿其早期著作中的对基督教的批判。现在，他广泛借鉴威尔豪森对《圣经·旧约》的研究，认为腐朽早在那个时代便已出现了。起初，神只是古人权力意识的一种投射；在人们的想象中，神既善又恶，既能给予凡人好处也能带去伤害。后来，人们站在二元论观点上，"对神进行违逆自然的阉割，把他阉割成一个纯然善良的神"[01]，让他变成了一个弱者的上帝《敌》-16）。犹太人从巴比伦流放地返回之后，统治他们的是社会上的那些"寄生虫"——祭司。这些祭司把自己的意愿说成上帝的意愿，从而巩固自己的权力[55]。基督教极大扩展了犹太教此前已经开始的伪造天意的范围，天性、本能甚至性行为都被归

01　摘自尼采：《敌基督》，余明锋译，商务印书馆，2016年。有改动。——译者注

于邪恶。为了让信徒顺从,他们还发明了一大堆关于罪欠、惩罚、救赎的毫无根据的概念。

在讨论耶稣这个神秘人物的时候,尼采采用了一种相当巧妙的方式,将耶稣从叙述中抽离出来。根据尼采对《福音书》的解读,耶稣没有教义、没有指示,他展现的是一种生活方式,他感受到了一种直接的、与生命合一的喜悦。在描述这种喜悦的时候,他只能用"光""真理""生命""神的国度"来作比喻:"何谓'福音'?真的生命、永生被发现了——不需要预言,它就在这里,就在你们当中:活在爱中,在没有例外、没有距离的爱中。"[01](《敌》-29)[56] 尼采补充说,从生理学的角度来看,这样的人最好用"白痴"一词来描述。他所指的并非愚蠢之人,而是陀思妥耶夫斯基在小说《白痴》(*Idiot*)中提到的那种"圣洁的傻瓜";目前没有直接证据表明尼采读过这部小说,但《敌基督者》中似乎到处都能找到它的影子。

这样的耶稣不可能计划创立一种宗教。他的存在本身、他这个"神圣的无政府主义者"会将祭司置于危险处境,所以后者想办法把他钉在十字架上。作为回应,他的门徒想要为他报仇。他们把耶稣的言论伪造成一种教

---

01 摘自尼采:《敌基督者》,余明锋译,商务印书馆,2016年。有改动。——译者注

义，在《福音书》中写满了有关惩罚的威胁之语（尼采引用了《福音书》中的一些段落，令这一点昭然若揭，《敌》-45）。尤其是圣保罗，他是"仇恨的天才"（《敌》-42），"所有使徒中最具报复心的那一个"（《敌》-45）。他重新诠释了耶稣之死，将其视为一种牺牲，"而且是最令人厌恶、最野蛮的牺牲，即无辜者为有罪之人的罪过而做出的牺牲"（《敌》-41）。新宗教的支持者虚假承诺个体不会死亡。他们谴责理性（尼采引用了《哥林多前书》第1章第20节的一句话——"神岂不是已使这世上的智慧变成愚拙了吗？"[01]，《敌》-45）。基督徒的"最高境界"是各种形式的癫痫（《敌》-21和51；尼采指的是保罗在前往大马士革路上出现的幻觉，以及更加广义的神秘体验）[57]。此外，基督教传说中又附加了各种各样的内容，例如有关无玷始胎的故事。圣母玛利亚因圣灵而受孕这则故事是古希腊神话中安菲特律翁事件的翻版。安菲特律翁的妻子阿尔克墨涅受天神宙斯诱惑，生下了赫拉克勒斯（《敌》-34）。最重要的是，基督教构建了一个有关罪欠、惩罚、自我折磨、假想救赎的系统，由牧师操控，其目的是让人类病入膏肓。现代欧洲秩序仍然没有恢复：基督教所推崇的理想已转化为人道主义与平等的理想，以及有关"世界道德秩序"的虚构（《敌》-26）。

---

[01] 摘自尼采：《敌基督者》，余明锋译，商务印书馆，2016年。有改动。——译者注

历史之路上，基督教摧毁古代世界的文化，造成令人无法容忍的损失："古代世界的全部工作都白费了：我找不到词语来形容我对如此惊人之事的感受。"[01]《敌》-59) 后来，基督教又摧毁了摩尔人治下西班牙的丰富文化世界。文艺复兴时期，正当贵族价值观即将取得胜利甚至有可能废除基督教的时候，野蛮庸俗的马丁·路德出现了，他通过宗教改革加强了基督教。尼采总结道："基督教教会的败坏无所不及，它从每一种价值中搞出一种无价值，从每一个真理中搞出一个谎言，从每一种诚实中搞出一种灵魂上的卑鄙无耻。"[02]《敌》-62)

为了替换这些极具破坏力量的价值观，尼采多次提出"重估所有价值"[58]。谈及未来的复评工作时，尼采举了一个例子，他首先提到基督教关于"美德是幸福的报酬"这一说法，然后说，在未来，美德将是幸福的结果《偶》-谬误-2)：幸福的人将自发地贴近他所在团体的美德标准。"良心"这一概念也许会继续存在，但到那个时候情况会反过来：遵从自己的本能是值得赞扬的，而对彼在世界价值观的不住渴求则会导致负罪感《道》-2-24)。不过，尼采通常假定，良知将与基督教的所有其他控制工具一起消失。未

---

[01] 摘自尼采：《敌基督者》，余明锋译，商务印书馆，2016年。——译者注
[02] 摘自尼采：《敌基督者》，余明锋译，商务印书馆，2016年。——译者注

来的人将体验满满的幸福感,他们不因同情受难者而沮丧,而会自发地以合理、高贵的方式来对待他们的同伴。

这种幸福是留给强者的。首先,必须由精英阶层来统治欧洲,使其免于最终的衰落。尼采已经在拿破仑身上看到了希望的前兆,后者是最后一个拥有绝对指挥权的欧洲人(《善》-199)。如果能出现更多像他这样的人,就可以重塑社会。如果想要让文化获得首要地位,这个社会就必须是金字塔形的,顶端要有一小批精英阶层(《敌》-57)。印度种姓制度是由古老的《摩奴法典》(Manusmṛti)规定的,这种制度下的社会有其缺陷(近亲繁衍),但远比欧洲从基督教那里继承的平等主义要好得多[59]。

必须恢复强者的主导地位。不过,在打压低等种姓地位的时候,压迫并非唯一的办法,可以用接纳态度来替代现代平等主义。人们接纳贵族种姓,将他们视为天生高人一等的人,所以也将其视为合法的统治者。绝大多数人"此生为服役和公众效能而活,而且也只为此而活"(《善》-61)。当贵族阶层享受着培养文艺品格所需的闲暇时光时,下等人可能会心满意足地工作,觉得自己的存在因服务于文化而变得合理了。他们会是"五花八门、喋喋不休、意志薄弱、易于管理的工人,他们需要主人,需要指挥,就像需要每天的面包"(《善》-242)。他们会带着"距离的悲悯"

来仰视主人，他们接受了自己在社会中地位较低的事实，随即产生了崇敬之情《善》-257,《敌》-43）。这的确是奴隶制统论，但这是"最精致的"奴隶制《善》-242），因为奴隶们会将自己的低下地位彻底内化于心。

尼采思想中那"温柔的一面"也伴随着残忍的一面。在这些贵族统治者身上，我们可以看到未来"超人"的身影。他们会是暴君，他们挑起的战争会是巨大的、远超拿破仑的，是"地球上从未发生过的"《瞧》-命运-1）。他们将发动一场"以控制整个地球为目的的战争"，尼采称之为"伟大的政治"《善》-208）。

尼采认为，不能再将社会与人类的未来委托给进化过程，因为进化过程既可能导致物种退化，也可能带来改善。社会与人类的未来应该是慎重行动的结果。无论是信奉基督教的欧洲还是民主的欧洲都处于堕落状态。谴责了这些之后，他又说，人类的未来不应听天由命，而应由意志来塑造：

> 告诉人们，他们的未来就是他们的意志，取决于人的意志，然后再让他们为培育和繁衍方面的伟大事业和集体尝试做准备，由此来结束那一直以来被称为"历史"的胡话与巧合的统治——关于"最大数量"的

胡话只是它的最新形式——所以,在某个时刻,会需要一种新的哲学家和指挥官,在他们面前,地球上生活过的任何隐藏的、可怕的和仁慈的精神恐怕都会显得苍白且矮小。(《善》-203)

在这里,最需要注意的短语是"培育和繁衍"。原文玩了一个文字游戏,模糊了两种育种之间的区别:一种是通过严格教育完成的,其受益者是"有教养的人";另一种是由尝试改良狗和兔子品种的动物饲养员完成的。类似地,查拉图斯特拉敦促他的听众去培育"新的贵族",去"给未来当祖先、当培育者和播种者"(《查》-3-12-12)。这里的培育者其实是在说育种的人。关于尼采是否主张优生学、是否支持选择性育种,一直有很多争议。他本人肯定读过这方面的文章[61]。优生学最初是由达尔文的表弟弗朗西斯·戈尔顿(Francis Galton)于1883年提出的。在尼采那个时代以及之后很长一段时间里,无论右翼还是左翼势力,无论科学界还是政治领域,优生学都相当受尊重[62]。与尼采同一时代的许多人都认为他是一个优生主义者,而且认为他将优生学与达尔文进化论结合在了一起[63]。不过,尼采所说的育种恐怕并不是之后纳粹尝试的那种生物计划。尼采偏爱的进化论版本并不来自达尔文,而是来自拉马克，也就是说，尼采认为人的后天特征是可以遗传的。因此，尼采认可的"育种"可以通过彻底的教育来完成，就像古希腊的文体教育⁶⁴。

不过，尼采在研究之路上走得更远。他建议，培养贵族时也应当掌控他们对婚姻伴侣的选择权利，也就是说，应该施行一种积极的优生学政策。他指的是威尼斯共和国或古希腊城邦中贵族阶层所施行的那种掌控行为：

> 他们做这些时是强硬的，他们甚至意愿强硬；每一种贵族道德都是峻厉的，在对青年的教育上，在对女人的支配上，在婚姻礼教方面，在年长者与年少人的关系上，在刑法上（刑法只关注那些异变者）——他们把峻厉本身归为美德，列在"公正"的名下。**01**（《善》-262）⁶⁵

未来的统治者不仅要培育更好的人，还要除掉更坏的人。平庸的人是有用的，但堕落的人则会损害全人类。基督教小心翼翼地保护不幸的人——"病人、堕落的人、脆弱的人……那些注定要受苦的人"（《善》-62），以同情心对待他们，从而促进了"欧洲种族的腐败"（《善》-62）。既然

---

01 摘自尼采：《善恶的彼岸》《论道德的谱系》，赵千帆译，商务印书馆，2020年。——译者注

不幸的人无法被治愈，就应该再推他们一把，把他们推下山："柔弱者和失败者当灭亡：我们的人类之爱的第一原则。为此还当助他们一臂之力。"[01] 《敌》-2) 当一个有机体出现问题时，生理学家会切掉坏掉的部分《瞧》-朝霞-2)。那些努力提升人类的人，即"生命之党"，他们会"无情消灭一切堕落的和寄生的东西"《瞧》-悲剧-4)。

是否可以凭这些段落将尼采称为"法西斯主义教父"？从几个明显的方面来说，的确可以。在19世纪末的欧洲，与堕落有关的想法普遍流行，但摧毁"堕落者"的建议是法西斯主义的一部分。堕落似乎为系统消灭不想要的那一部分人口（犹太人、罗姆人、辛提人、同性恋）提供了合理理由。除了上述这一想法之外，尼采作品中还有其他许多想法被极右派利用了：之前我们已经看到过，他谴责民主、社会主义、女权主义和平等权利；他警告人们留意"堕落"《善》-203)；他赞扬等级制度和暴力，还试图为奴隶制辩护。这样就可以明白以尼采为主题的讨论为什么总是忽略或淡化他的此类论断。然而，它们的确是尼采哲学的有机组成部分。

史学家已经证明，尼采的思想和言论构成了纳粹德国

---

01 摘自尼采：《敌基督者》，余明锋译，商务印书馆，2016年。——译者注

官方理论的一部分，并已渗入其教育和法律体系。尼采对民主、人道主义和基督教的抨击，以及他对男性主义、好战价值观的倡导，都受到纳粹德国的欢迎，经常出现在官方场合。此外，纳粹德国还会引用他的一些言论来为安乐死以及所谓"积极的优生学计划"辩护。这些臭名昭著的段落大部分出自《权力意志》，有的也出自尼采的其他著作。

但是，从多个重要领域来说，法西斯主义并不符合尼采的愿景。法西斯统治者并不是尼采想象中的文艺复兴式的暴君和极富天赋的人。他们来自被尼采痛斥的人：往好处说，他们是平庸的；往坏处说，他们是"乌合之众"。他们不是对顺从且勤劳的畜群行使合法统治的贵族，而是通过无耻操控和欺骗来控制群众的政治领袖。他们不是超人，反倒更像尼采所说的病态祭司。这些人之所以能控制畜群，是因为他们与追随者一样是病态的。

公平起见，人们应该问一问尼采为什么要写下那些令人震惊的段落（包括《权力意志》中那些更加恶劣的段落，当然，他本人并没打算发表于世）。他真的喜欢有关大规模谋杀的想法吗？更有可能是他根本没有想到自己的那些幻想会在现实中产生怎样的后果。他独来独往，大多数时间都活在自己的世界里，可能并没有真正考虑过其他人的感受。这样看来，他对权力的那些幻想，尽管确应受到谴责，但与其说他的那些幻想是邪恶的，不如说它们是轻率的。在那些段落中，尽管尼采认为自己肩负着拯救文明的重大使命，但从根本上说，他并没有认真思考这一话题更深的意义。

尼采之所以能够吸引这么多读者，还有其他一些原因。让我们暂时换个话题，看看尼采权力幻想之外的情况。尼采同时代的许多人都同意他的观点，在他们看来，19世纪的科学告诉他们，宇宙是暗淡的、不舒适的，没有其存在目的和意义。1903年，伯特兰·罗素写道：

> 人是原因的产物，而这些原因并没有事先看到自身发展所指向的终局；人的起源、人的成长、人的希望与恐惧、人的爱、人的信仰，全都不过是原子偶然组合的结果；火焰、英雄主义、思想的深邃、情感的强烈，这些都无法让个体的生命超越坟墓而存在；各个时代的所有劳作、所有奉献、所有灵感、人类天才的所有正午光辉，一切都注定要在太阳系的浩瀚死亡中消亡，而且人类成就的整座殿堂不可避免地要被埋葬在宇宙废墟之下——所有这些情形，尽管不是完全无可争议，但也是几近确定，所以任何拒绝此类情形的哲学都别想成立[67]。

如果抛开轰轰烈烈的语言和"原子"概念（尼采反对唯物主义和实证主义），这一段描写的就是现代科学那暗淡的、空无的宇宙。在尼采看来，这样的宇宙对虚无主义者的诱惑简直是致命的。

不过，尼采向我们描述的宇宙也是空无的。它是无限的赫拉克利特式的流变，我们的想象力在这流变中构建了一些看上去坚实但却瞬息万变的小岛。没有超验主义的意义，没有上天眷顾，没有绝对的道德标准，没有任何形式的绝对标准；冲动之下，甚至没有真理。然而，这些消极因素并不意味着缺失——它们意味着解放。如果我们摆脱了宗教及其衍生品强加给我们的错觉，就可以——借用华莱士·史蒂文斯 (Wallace Stevens) 的话——"赤脚踏入现实"。而现实——生命的永恒能量，并不是令人沮丧的，而是令人振奋的。它带来了试炼与测试：强者欢欣鼓舞，弱者无人问津。当然，最大的试炼是接受这样的事实：当宇宙走到尽头的时候，它会重新开始，并永远重复下去。

作为一种诗意愿景，这种永远重复着实令人震撼。它

与布莱克 (William Blake) 的"能量即永恒快乐"以及歌德在《浮士德》第一部分中所呈现的创造与毁灭永恒变幻的世界有许多共通之处。但是,如果把永远重复作为哲学或生活信条,它是否还有效,就需要每个读者自己界定了。如今,恐怕没几个人会认为世界的运转是遵循上帝写好的剧本的,但也没有必要用尼采等哲学家编写的另一套剧本来代替它。我们可以承认生命意义在于此时此刻,在于我们与他人互动,在于我们维持婚姻、供养家庭、写书、追求事业等各项计划。如果接受这一点的话,就没必要做事那么夸张。在宣扬宇宙学说的时候,尼采和他的发言人查拉图斯特拉并没有避开基督教那死去的上帝,而是用上帝的对立面取代了上帝本身。启蒙运动其实为我们提供了摆脱以上这两条路的方法:我们可以通过科学研究探索真理,像伏尔泰那样反对教权暴政。此外,启蒙运动中还有一个分支:重视同情、重视共情、重视设身处地为他人着想的能力,也重视(真是件幸运的事)从柏拉图到尼采的哲学家们所共同谴责的同情心[70]。

注释

引言

1. 1902年12月26日致格雷戈里夫人,载于 *The Collected Letters of W. B. Yeats*, vol. iii, ed. John KELLY and Ronald SCHUCHARD, Oxford University Press, 1994 (《威廉·巴特勒·叶芝书信集》), p.284。

2. 关于英语世界对尼采的接受情况,请参见BRIDGWATER Patrick, *Nietzsche in Anglosaxony* (《尼采在英美国家》), Leicester University Press, 1972;关于法国对尼采的接受情况,请参见SMITH Douglas, *Transvaluations: Nietzsche in France, 1872-1972* (《价值重估:尼采在法国,1872—1972》), Oxford University Press, 1996;关于德国对尼采的接受情况,请参见ASCHLEIM Steven E., *The Nietzsche Legacy in Germany, 1890-1990* (《尼采在德国的传承:1890—1990》), University of California Press, 1992;此外还有许多专门研究,其中一些已列于参考书目。

3. 亚历山大·内哈马斯(著),郝苑(译)《尼采:生命之为文学》,浙江大学出版社,2016,哈佛大学出版社,1985, pp. 23-24。

4. BISHOP Paul, *A Companion to Friedrich Nietzsche: Life and Works* (《弗里德里希·尼采导读:生平与著作》), Camden House, 2012, p.199。

5. MONTINARI Mazzino, 'Nietzsches Nachlaß von 1885 bis 1888 oder Textkritik und Wille zur Macht' (《阅读尼采》之"1885年至1888年尼采遗稿,即文本批判和权力意志"), in *Nietzsche lesen*, De Gruyter, 1982;请参见BISHOP Paul, *A Companion to Friedrich Nietzsche: Life and Works* (《弗里德里希·尼采导读:生平与著作》), Camden House, 2012, p.318。

6. SCHACHT Richard, *Nietzsche*, Routledge, 1983 (尼采);亚历山大·内哈马斯(著),郝苑(译)《尼采:生命之为文学》,浙江大学出版社,2016。

7. JANAWAY Christopher, *Beyond Selflessness: Reading Nietzsche's 'Genealogy'* (《超越无私:解读尼采的"谱系"》), Oxford University Press, 2007. 其中提到了一个例外,参见第95—98页。

8. 伯纳德·雷金斯特(著),汪希达,施玉刚,杨一杰(译)《肯定生命:尼采论克服虚无主义》,华东师范大学出版社,2020,哈佛大学出版社,2006, p. 67。

9. KAUFMANN Walter, *Nietzsche: Philosopher, Psychologist, Antichrist* (《尼采:哲学家、心理学家、敌基督者》), 4th edn, Princeton University Press, 1974。关于纳粹主义在海德格尔所阅读的书籍中的存在,参见ASCHLEIM Steven E., *The Nietzsche Legacy in Germany, 1890-1990* (《尼采在德国的传承:1890—1990》), University of California Press, 1992, pp.262-270。

10. ALLISON David R., ed., *The New Nietzsche: Contemporary Styles of Interpretation* (《新尼采:当代的多种诠释方式》), The MIT Press, 1985。

11. 例如SCHACHT Richard, *Nietzsche* (《尼采》), Routledge, 1983; CLARK Maudemarie, *Nietzsche on Truth and Philosophy* (《尼采论真理和哲学》), Cambridge University Press, 1990。

12. 尤其应参见EMDEN Christian J., *Friedrich Nietzsche and the Politics of History* (《弗里德里希·尼采与历史政治学》), Cambridge University Press, 2008; HOLUB Robert C., *Nietzsche in the Nineteenth Century: Social Questions and Philosophical Interventions* (《尼采在19世纪:社会问题与哲学干预》), University of Pennsylvania Press, 2018。

13. 参见BROBJER Thomas, *Nietzsche's Philosophical Context: An Intellectual Biography* 《尼采的哲学语境:一份智识传记》, University of Illinois Press, 2008。尼采的一部分藏书和批注可

以在档案馆在线展览"Nietzsche liest. Bücher und Lektüren Nietzsches"("尼采在阅读：尼采的藏书与阅读内容")中查阅，参见https://ausstellungen.deutsche-digitale-bibliothek.de/nietzsche-liest，2021年2月15日。

14 参见MOORE Gregory, *Nietzsche, Biology and Metaphor*（《尼采、生物和隐喻》），Cambridge University Press, 2002; SMALL Robin, *Nietzsche in Context*（《在背景中解读尼采》），Routledge, 2001; EMDEN Christian J., *Nietzsche's Naturalism: Philosophy and the Life Sciences in the Nineteenth Century*（《尼采的自然主义：19世纪的哲学与生命科学》），Cambridge University Press, 2014。

15 *Kant: Political Writings*（《康德：政治文集》），ed. Hans REISS, trans. H. B. NISBET, Cambridge University Press, 1991, p.54。

第1章 语文学家

1 关于"全面型教育机构"，参见GOFFMAN Erving, *Asylums*（《精神病院：论精神病患与其他被收容者的社会处境》），Anchor Books, 1961。

2 HAYMAN Ronald, *Nietzsche: A Critical Life*（《尼采：一本批判型传记》），Penguin Books, 1980, p.28。

3 例如，可参见C.S.路易斯（著），邓军海（译）《惊喜之旅：我的早年生活》，华东师范大学出版社，2018。

4 对比以下两个篇章：STACK George J., *Nietzsche and Emerson: An Elective Affinity*（《尼采与爱默生：有选择的相似》），Ohio University Press, 1992, p.5; BROBJER Thomas, *Nietzsche's Philosophical Context: An Intellectual Biography*（《尼采的哲学语境：一份智识传记》），University of Illinois Press, 2008, p.22。

5 Jeffrey S. CRAMER, *The Portable Emerson*（《口袋本艾默生》），ed. Penguin Classics, 2014, p.157。

6 ZAVATTA Benedetta, 'Nietzsche, Emerson und das Selbstvertrauen', *Nietzsche-Studien*（《尼采研究》之"尼采、艾默生与自信"），35 (2006), pp. 274-297。

7 引自JANZ Curt Paul, *Friedrich Nietzsche: Biographie*（《弗雷德里希·尼采：传记》），3 vols, DTV Wissenschaft, 1978, vol.I, p.108。

8 同上书，pp.137-188。

9 HUENEMANN Charlie, 'Nietzsche's Illness', in *The Oxford Handbook of Nietzsche*（《牛津尼采手册》之"尼采的病"），ed. John RICHARDSON and Ken GEMES, Oxford University Press, 2013, pp. 63-80。

10 MURRAY Oswyn, 'Burckhardt and the Archaic Age', in *Jacob Burckhardt und die Griechen*（《雅各布·布克哈特与希腊人》之"布克哈特与古风时期"），ed. Leonhard BURCKHRDT and Hans-Joachim GEHRKE, Schwabe Verlag, 2006, pp. 247-261。

11 JANZ Curt Paul, *Friedrich Nietzsche: Biographie*（《弗雷德里希·尼采：传记》），3 vols, DTV Wissenschaft, 1978, vol.I, p.209。

12 参见1888年时尼采对都灵秋天的描述："一幅无边无际的克洛德·洛兰，每一天都有着相似的无垠完美。"（《瞧》-悲剧-3）同样，1888年11月14日他在致梅塔·冯·萨利斯中写道:"一幅永恒的克洛德·洛兰。"关于《印度之夏》,参见《漫》-109。

13 叔本华《作为意志和表象的世界》第3卷第36章。尼采在《作为教育家的叔本华》中借用了叔本华的术语"工厂产品":见《考》-3-2。不过,尼采在那一段中提出,这并不是说大多数人天性平庸,而是说他们没有去追求更高的目标。

14 参见 'On Schopenhauer' [1868], in *Willing and Nothingness: Schopenhauer as Nietzsche's Educator* (《意志与虚无:作为尼采教育者的叔本华》之"论叔本华"), ed. Christopher Janaway, Oxford University Press, 1998, pp. 258-65。

15 朗格(著),李石岑,郭大力(译)《朗格唯物论史》,河南人民出版社,2016,劳特利奇出版社,1925,三卷版第二卷,p. 158。

16 同上书,p. 216。

17 同上书,pp. 231-232。

18 JANZ Curt Paul, *Friedrich Nietzsche: Biographie* (《弗雷德里希·尼采:传记》), 3 vols, DTV Wissenschaft, 1978, vol.I, P. 254。

19 GOSSMAN Lionel, *Basel in the Age of Burckhardt: A Study in Unseasonable Ideas* (《布克哈特时代的巴塞尔:关于不合时宜之想法的研究》), University of Chicago Press, 2000。

20 1888年,他形容她是"迄今为止最具有贵族天性的人"(《瞧》-智慧-3)。在发疯前夕,他将她比作神话中狄俄尼索斯的新娘阿里阿德涅(1889年1月6日致布克哈特);参见 DIETHE Carol, *Nietzsche's Women: Beyond the Whip* (《尼采的女人们:鞭子之外》), De Gruyter, 1996, pp. 35-36。

21 参见 BORCHMEYER Dieter, ‚*Wagner and Nietzsche*', in *Wagner Handbook* (《瓦格纳手册》之"瓦格纳与尼采"), ed. Ulrich MULLER and Peter WAPNEWSKI, Harvard University Press, 1992, pp. 327-342。

第2章 文化批评家

1 RUSSEL D. A. and WINTERBOTTOM M., eds, *Ancient Literary Criticism* (《古代文学评论》), Oxford University Press, 1972, p. 95。

2 参见 LLOYD-JONES Hugh, '*Nietzsche and the Study of the Ancient World*' (《尼采与古典传统研究》之"尼采与古代世界研究"), in *Studies in Nietzsche and the Classical Tradition*, ed. James C. O'FLAHERTY, Timothy F. SELLNER and Robert M. HELM, The University of North Carolina Press, 1976, pp. 1-15; SILK M. S., and STERN J. P., *Nietzsche on Tragedy* (《尼采论悲剧》), Cambridge University Press, 1981。

3 ROHDE Erwin, *Psyche: The Cult of Souls and the Belief in Immortality among the Greeks* (《魂魄:古希腊人的灵魂崇拜与不死信念》), trans. W. B. HILLIS, Paul, Trench, Trubner, 1925。

4 DODDS E. R., *The Greeks and the Irrational* (《古希腊人与非理性》), University of Calfornia Press, 1951, p. 105。多德斯承认自己"站在……罗德的肩膀上",p. 65。

5 参见 RUEHL Martin A., '*Ruthless Renaissance: Burckhardt, Nietzsche, and the Violent Birth of the Modern Self*', in *The Italian Renaissance in the German Historical Imagination* (《德国历史想象中的意大利文艺复兴》之"无情的文艺复兴:布克哈特、尼采以及现代自我的暴力诞生"), Cambridge University Press, 2015, pp. 58-104。

6 KAEGI Werner Kaegi, *Jacob Burckhardt: Eine Biographie*（《雅各布·布克哈特：一份传记》），7 vols, Benno Schwabe, 1947-1982, pp. 9, 44-45；GOSSMAN Lionel, *Basel in the Age of Burckhardt: A Study in Unseasonable Ideas*（《布克哈特时代的巴塞尔：关于不合时宜之想法的研究》），University of Chicago Press, 2000, p. 303。

7 现代考证已证实了布克哈特描绘的情景：MURRAY Oswyn, 'Burckhardt and the Archaic Age', in *Jacob Burckhardt und die Griechen*（《雅各布·布克哈特与希腊人》之"布克哈特与古风时期"), ed. Leonhard BURCKHRDT and Hans-Joachim GEHRKE, Schwabe Verlag, 2006, pp. 247-61。

8 'Letter to Gottfried Kinkel, 19 April 1845', in BURCKHARDT Jacob, *Briefe*, 11 vols, Benno Schwabe，1949-1994, vol. II, p. 158（《布克哈特书信集》之"1845年4月19日致戈特弗里德·金克尔"）。

9 SOPHOCLES, *The Theban Plays*（《索福克勒斯忒拜三部曲》），trans. E. F. WALTING, Penguin, 1947, p. 109。

10 *Theognis in Greek Elegiac Poetry*（《古希腊挽歌中的忒俄格尼斯》），trans. Douglas E. GERBER, University of Harvard Press, 2014, p. 425。

11 参见托马斯·卡莱尔在《过去和现在》（*Past and Present*, 1843）中对中世纪封建主义和19世纪工业主义的对比。

12 "国家"，784：尼采提到了修昔底德描述的科库拉革命期间的暴行，参见THUCYDIDES, *The Peloponnesian War*（《伯罗奔尼撒战争史》），trans. Rex WARNER, Penguin, 1954, p. 257。

13 HESIOD, *Works and Days, ll. 11-26*（《赫西俄德〈工作与时日〉第11至26行》），in *Theogony, Works and Days, Testimonia*, trans. G. W. MOST, University of Harvard Press, 2006, pp. 87, 89。

14 HOLUB Robert C., *Nietzsche in the Nineteenth Century: Social Questions and Philosophical Interventions*（《尼采在19世纪：社会问题与哲学干预》），University of Pennsylvania Press, 2018, p. 21；参见BRUFORD W. H., *The German Tradition of Self-Cultivation: 'Bildung' from Humboldt to Thomas Mann*（《德意志自我修养传统：从洪堡到托马斯·曼的"文化修养"》），Cambridge University Press, 1975。

15 OVERBECK Franz, *Über die Christlichkeit der heutigen Theologie*（《论今日神学中的基督教义》），repr. Wissenschaftliche Buchgesellschaft, 1963, p. 119。在晚些版本的引言中，奥弗贝克向他与尼采的友谊致敬，同上书，pp. 13-19。关于奥弗贝克，他与尼采之间的友谊以及他的引战书，参见GOSSMAN Lionel, *Basel in the Age of Burckhardt: A Study in Unseasonable Ideas*（《布克哈特时代的巴塞尔：关于不合时宜之想法的研究》），University of Chicago Press, 2000, pp. 416-423。

16 例如维也纳环城大道（Ringstraße）。参见卡尔·休斯克（著），李锋（译）《世纪末的维也纳》，光明日报出版社, 2022, Vintage出版社, 1980, pp. 24-114。

第3章 警句作者

1 JANAWAY Christopher, ed., *Willing and Nothingness: Schopenhauer as Nietzsche's Educator*（《意志与虚无：作为尼采教育者的叔本华》），Oxford University Press, 1998, p. 25。

2 《人》-1-18提到，斯皮尔（Spir, 1837-1890）"优秀的逻辑学家"，他提出了感知的基本法则，即主体将每个对象理解为自我同一。尼采接着说，即使这一法则也并非原本就有的，而是逐渐发展起来的。

3. 引自 JANZ Curt Paul, *Friedrich Nietzsche: Biographie*（《弗雷德里希·尼采：传记》），3 vols, DTV Wissenschaft, 1978, vol.I, p. 696页。

4. 再版时增加了《杂乱无章的观点和箴言》（1879）；《漫游者和他的影子》于1880年单独出版；两者都被纳入1886年新版《人性的，太人性的》。

5. 引自 WILLIAMS W. D., *Nietzsche and the French*（《尼采与法国文化》），Basil Blackwell, 1952。另见 DONNELLAN Brendan, *Nietzsche and the French Moralists*, Bouvier, 1982（《尼采与法国道德派作家》）。

6. WILLIAMS W. D., *Nietzsche and the French*（《尼采与法国文化》），Basil Blackwell, 1952, p. 126。

7. GILMAN Sander L., ed., *Conversations with Nietzsche: A Life in the Words of His Contemporaries*（《与尼采对话：由同时代人讲述的生平》），Oxford University Press, 1991, p. 113。

8. 《快乐的科学》第五卷《我们这些无所畏惧的人》是在1887年时才加上去的。

9. BROBJER Thomas, *Nietzsche's Philosophical Context: An Intellectual Biography*（《尼采的哲学语境：一份智识传记》），University of Illinois Press, 2008, p. 63。关于他的启蒙运动，参见 OTTMANN Henning, *Philosophie und Politik bei Nietzsche*（《尼采的哲学与政治学》），De Gruyter, 1987, p. 175; MONTINARI Mazzino, 'Aufklärung und Revolution: Nietzsche und der späte Goethe', in *Nietzsche lesen*, De Gruyter, 1982, pp. 56-63《阅读尼采》之"启蒙运动与革命：尼采与晚年歌德"；MARTIN Nicholas, '"Aufklärung und kein Ende": The Place of Enlightenment in Friedrich Nietzsche's Thought', *German Life and Letters*, 61 (2008), pp. 79-97（《德国生活与文字》之"'启蒙运动与永无止境'：启蒙运动在弗雷德里希·尼采思想中的地位"）。

10. 同样地，尼采在巴塞尔的朋友兼同事奥弗贝克在其宗教批判著作 *Über die Christlichkeit der heutigen Theologie*, repr. Wissenschaftliche Buchgesellschaft, 1963（《论今日神学中的基督教义》）中，将基督教描述为古代文化的木乃伊（第22页）。

11. 参见 LUCRETIUS, *On the Nature of the Universe*, trans. Ronald LATHAM, Penguin, 1952（卢克莱修《物性论》），pp. 206-209; HUME David, *The Natural History of Religion*, ed. A. Wayne COLVER, Oxford University Press, 1976（休谟《宗教自然史》），p. 36。

12. 尼采主要是从英国人类学家约翰·卢伯克爵士那里了解到万物有灵论的。参见《人》-111; LUBBOCK, *The Origin of Civilisation and the Primitive Condition of Man: Mental and Social Condition of Savages*, Longmans, Green, and Company, 1870（《文明起源与人类原始状况：野蛮人的社会状况》）；以及 THATCHER David S., 'Nietzsche's Debt to Lubbock', *Journal of the History of Ideas*, XLIV (1983), pp. 293-309《思想史期刊》之"尼采对卢伯克的借用"）。

13. "自我是可恨的"：PASCAL Blaise, *Pensées*, ed. Louis LAFUMA, Seuil, 1973（帕斯卡《思想录》），p. 76。

14. 尼采在这里并没有夸大其词：参见 DELUMEAU Jean, *Le Péché et la peur: La culpabilisation en Occident, xiiie- xviiie siècles*, Fayard, 1983（《罪过与恐惧：十三至十八世纪的西方罪责》）；ROBERTSON Ritchie, *The Enlightenment: The Pursuit of Happiness, 1680-1790*, Harper, 2020（《启蒙主义：1680至1790年对幸福的追求》），pp. 215-219。

15. 该段论述是由大卫·休谟于1739年提出的：参见 *A Treatise of Human Nature: A Critical Edition*, ed. David Fate NORTON and Mary J. NORTON, Oxford University Press, 2007（休谟

《人性论》), p.114（第1卷第3节第14段）。它把康德从其"教条主义的沉睡"中唤醒，并促使他在《纯粹理性批判》(1781) 中做出回应。尼采可能只是间接从朗格和其他来源处知道休谟作品的。

16 关于批判性讨论，参见 CLARK Maudemarie, *Nietzsche on Truth and Philosophy*, Cambridge University Press, 1990（《尼采论真理和哲学》), pp. 63-77; 伯纳德·威廉斯（著），徐向东（译）《真理与真诚》，上海译文出版社, 2013, 普林斯顿大学出版社, 2002, pp. 21-28。

17 CLARK Maudemarie, *Nietzsche on Truth and Philosophy*, Cambridge University Press, 1990（《尼采论真理和哲学》), p. 87。

18 MOORE Gregory, *Nietzsche, Biology and Metaphor*, Cambridge University Press, 2002（《尼采、生物和隐喻》), p. 37。

19 同上，p. 44。

20 参见 HUME, 'A Dialogue', in *An Enquiry concerning the Principles of Morals*, ed. Tom L. BEAUCHAMP, 1998（休谟《道德原则研究》之"一篇对话"）。

21 MERIMEE Prosper, *Lettres à une inconnue*, 2 vols, Michel Lévy frères, 1874（梅里美《写给陌生女人的信》), vol.I, p. 8。

22 参见休谟："当神被表述为无限高于人类的时候，这种信仰虽然完全公正，但当它与迷信恐惧结合在一起的时候，就会使人的心灵陷入最低级的屈服和卑微，并将修道士美德如节制、忏悔、谦逊和消极受苦，作为唯一可以接受他的品质。"摘自 HUME David , *The Natural History of Religion*, ed.A. Wayne COLVER, Oxford University Press, 1976（休谟《宗教自然史》), p. 62。

23 "我很少会去怜悯，我真希望我根本不会怜悯。虽然我愿意竭尽所能去安慰某个受苦的人，而且我真的相信一个人应该尽其所能对另一个人的不幸表示极大的同情，因为可怜的人是如此愚蠢，所以同情行为能为他们带来这个世界上最大的好处；不过，我也认为，我们应当接受对别人表达同情这种行为，同时小心避免自己心存任何同情。对于秩序良好的头脑而言，这是一种完全没有价值的激情，它只会削弱心脏，应该把它留给普通人去做，因为他们从不凭理智行事，需要激情来激励他们的行动。" La Rochefoucauld, *Oeuvres complètes*, Gallimard, 1964（《拉罗什富科作品全集》), pp. 5-6。本书作者。

24 斯莫尔（Small）译本标题为《道德感觉的历史》(*History of the Moral Sensations*)，但我偏向于使用情感（Sentiments）这个词，因为这个词更能让人想起启蒙运动对道德的分析，例如亚当·斯密（Adam Smith）的《道德情操论》(*Theory of Moral Sentiments*, 1759)。雷的灵感就来源于启蒙运动的分析。后来，尼采声称，他从一开始就不同意这本书（《道》-序言-4），这点恐怕是不可能的。

25 REE Paul, *The Origin of the Moral Sensations*, in his *Basic Writings*, ed. Robin SMALL, University of Illinois Press, 2003（《基本文章之"道德感起源"》), 第98页。雷和尼采一样，遵循了卢伯克对原始思想的描述。当然，尼采之后拒绝承认这个论点（《道》-1-2），但那个时候他还是接受它的（《快》-39）。

26 JAMES William, 'The Dilemma of Determinism', in his *The Will to Believe and Other Essays in Popular Philosophy*, Dover Publications, 1956（《相信的意志与其他大众哲学文章》之"决定论的难题"), pp. 145-183（第149页）。

27 最近一些政治理论家试图从尼采那里引申其理论并得出一个"比试型民主"概念。参见 DROCHON Hugo, *Nietzsche's Great Politics*, Princeton University Press, 2016（《尼采的大政

治》), pp. 71-75；以及以及 ACAMPORA Christa Davis, '*Agonistic Communities: Love, War and Spheres of Activity*', in *Conflict and Contest in Nietzsche's Philosophy*, ed. Herman SIEMENS and James PEARSON, Bloomsbury Academic, 2019, pp. 122-144 (《尼采哲学中的矛盾与争议》之"比试型群体：爱、战争和活动领域")。然而，目前还不清楚如何通过政治机构来体现这种民主。

第4章 先知

1. 关于她后来的文学生涯（作为卢·安德烈亚斯-萨洛梅），她与诗人莱纳·玛利亚·里尔克（Rainer Maria Rilke）之间的关系以及她在弗洛伊德那里接受的精神分析培训，参见 LIVINGSTONE Angela, *Lou Andreas-Salomé: Her Life and Writings*, The Bristol Press, 1984 (《卢·安德烈亚斯-萨洛梅：生平与著作》)。

2. ANDREAS-SALOME Lou, *Lebensrückblick*, ed. Ernst PFEIFFER, Insel Verlag, 1968 (《人生闪回》)，p. 80。

3. 苏·普里多（著），刘翔（译）《我是炸药！尼采的一生》，南京大学出版社，2023，Tim Duggan Books 出版社，2018, p. 206；普里多关于圣山的详细描写令人浮想联翩，pp. 204-206。

4. *Thus Spoke Zarathustra*, trans. Graham PARKES, Oxford University Press, 2005 (《查拉图斯特拉如是说》)，p. 291。

5. 帕克斯（我主要依照他的优秀译本）将"die glückseligen Inseln"误译成了降福岛（the Isles of the Blest），暗示该地是天堂；然而，它们显然只是位于行船路线上的一个凡俗地点。

6. 朗佩特（著），娄林（译）《尼采的教诲：〈扎拉图斯特拉如是说〉解释一种》，华东师范大学出版社，2013，耶鲁大学出版社，1986，p. 212。参见《瞧》-智慧-3："'永远回归'，我真正的深渊的思想"。

7. 参见尼采1883年8月29日致伊丽莎白的信件，信中引用了这句话。

8. 参见《朝》-序言-3，在这段中，尼采认为"道德狼蛛卢梭"为法国大革命负责。

9. 例如雅克·德里达（著），成家桢（译）《马刺：尼采的风格》，华东师范大学出版社，2018；参见 ANSELl-PEARSON Keith, *An Introduction to Nietzsche as Political Thinker*, Cambridge University Press, 1994 (《作为政治思想家的尼采（导读）》), pp. 188-189。

10. 关于所有这些内容，参见 DIETHE Carol, *Nietzsche's Women: Beyond the Whip*, De Gruyter, 1996 (《尼采的女人们：鞭子之外》), pp. 77-100。

11. GILMAN Sander L., ed., *Conversations with Nietzsche: A Life in the Words of His Contemporaries*, Oxford University Press, 1991 (《与尼采对话：由同时代人讲述的生平》), pp. 124-125；DIETHE Carol, *Nietzsche's Women: Beyond the Whip*, De Gruyter, 1996 (《尼采的女人们：鞭子之外》), pp. 63-64。

12. 参见 HOLUB Robert C., *Nietzsche in the Nineteenth Century: Social Questions and Philosophical Interventions*, University of Pennsylvania Press, 2018 (《尼采在十九世纪：社会问题与哲学干预》), p. 213。

13. 我采用了格雷厄姆·帕克斯的翻译方式"超人"，尽管尼采在任何地方都没有给出过超人可能为女性的暗示。

14 参见MOORE Gregory, *Nietzsche, Biology and Metaphor*, Cambridge University Press, 2002（《尼采、生物和隐喻》），p. 136。

15 KAUFMANN Walter, *Nietzsche: Philosopher, Psychologist, Antichrist*, 4th edn, Princeton University Press, 1974（《尼采：哲学家、心理学家、敌基督者》），p. 316。

16 雅各布·布克哈特（著），何新（译）《意大利文艺复兴时期的文化》，商务印书馆，2011，牛津大学出版社，1944，p. 2。

17 同上书，p. 72。

18 LOWITH Karl, *Nietzsche's Philosophy of the Eternal Recurrence of the Same*, trans. J. Harvey Lomax, University of California Press, 1997（《尼采的永远回归哲学》），p. 117。圣奥古斯丁在《天主之城》第14卷第12—14章回顾并反驳了这些理论。

19 关于前苏格拉底哲学家，参见尼采《希腊悲剧时代的哲学》（KSA-1-829）。关于这一柏拉图概念的著名表达，参见雪莱抒情剧《希腊》（1822）中合唱部分，开头是"世界伟大时代重新开始"，摘自 *The Complete Poetical Works of Shelley*, ed. Thomas HUTCHINSON, Oxford University Press, 1934（《雪莱诗歌作品全集》），p. 477。

20 ANDREAS-SALOME Lou, *Friedrich Nietzsche in seinen Werken*, ed.Ernst PFEIFFER, Insel, 1983（《弗雷德里希·尼采作品中的自己》），p. 255。

21 在笔记中尼采写道，永远回归是"所有可能的假设中最科学的"，但也是"最极端的虚无主义：永远的虚无（无意义）！"（KSA-12-213[01]）。

22 基于尼采的（错误）前提，这不仅意味着现在的世界会重复出现，而且意味着所有可能的世界都会出现并无限次重复。将存在无数个我没有出生过的世界；有我存在，但我一直处于痛苦之中的世界；有拿破仑征服全球的世界；有恐龙生存而人类从未出现的世界；等等。不过，这种疯狂推测与现代物理学关于不断产生无数平行宇宙的多元宇宙推测相比，算不了什么。

23 KAUFMANN Walter, *Nietzsche: Philosopher, Psychologist, Antichrist*, 4th edn, Princeton University Press, 1974（《尼采：哲学家、心理学家、敌基督者》），p. 322。

24 同上书，p. 320。

25 CLARK Maudemarie, *Nietzsche on Truth and Philosophy*, Cambridge University Press, 1990（《尼采论真理和哲学》），p. 268；伯纳德·雷金斯特（著），汪希达，施玉刚，杨一杰（译）《肯定生命：尼采论克服虚无主义》，华东师范大学出版社，2020，哈佛大学出版社，2006，p. 211。

26 JANZ Curt Paul, *Friedrich Nietzsche: Biographie*, 3 vols, DTV Wissenschaft, 1978（《弗雷德里希·尼采：传记》），vol.II, p. 280。

27 ANDREAS-SALOME Lou, *Friedrich Nietzsche in seinen Werken*, ed. Ernst PFEIFFER, Insel, 1983（《弗雷德里希·尼采作品中的自己》），p. 253。

28 BISHOP Paul, *A Companion to Friedrich Nietzsche: Life and Works*, Camden House, 2012（《弗里德里希·尼采导读：生平与著作》），pp. 204-205, 225-226。

29 威廉·詹姆斯（著），尚新建（译）《宗教经验种种》，商务印书馆，2017, Longmans, Green & Co.出版社，1903，p. 41。

---

01 即尼采遗稿1886—1887年第5组第71节第6小节。——译者注

30 参见JANAWAY Christopher, *Beyond Selflessness: Reading Nietzsche's 'Genealogy'*, Oxford University Press, 2007 (《超越无私：解读尼采的"谱系"》), p. 258。

31 参见BENATAR David, *Better Never to Have Been: The Harm of Coming into Existence*, Oxford University Press, 2006 (《最好永远不要出生：走入存在的危害》)。

32 HOLUB Robert C., *Nietzsche in the Nineteenth Century: Social Questions and Philosophical Interventions*, University of Pennsylvania Press, 2018 (《尼采在十九世纪：社会问题与哲学干预》), p. 404。

33 MOORE Gregory, *Nietzsche, Biology and Metaphor*, Cambridge University Press, 2002 (《尼采、生物和隐喻》), pp. 37, 43。

34 HOLUB Robert C., *Nietzsche in the Nineteenth Century: Social Questions and Philosophical Interventions*, University of Pennsylvania Press, 2018 (《尼采在十九世纪：社会问题与哲学干预》), p. 405。

35 CLARK Maudemarie, *Nietzsche on Truth and Philosophy*, Cambridge University Press, 1990 (《尼采论真理和哲学》), p. 206; POELLNER Peter, *Nietzsche and Metaphysics*, Clarendon Press, 1995 (《尼采与形而上学》), p. 15。

36 JANZ Curt Paul, *Friedrich Nietzsche: Biographie*, 3 vols, DTV Wissenschaft, 1978 (《弗雷德里希·尼采：传记》), vol.II, pp. 222-223。

37 参见SPRENGEL Peter, *Geschichte der deutschsprachigen Literatur 1870-1900*, C.H. Beck, 1998 (《1870—1900年德语文学史》), pp. 224-225。

38 参见FURNESS Raymond, *Zarathustra's Children: A Study of a Lost Generation of German Writers*, Camden House, 2000 (《查拉图斯特拉的孩子们：德国作家迷茫的一代研究》)。

39 ASCHLEIM Steven E., *The Nietzsche Legacy in Germany*, 1890-1990, University of California Press, 1992 (《尼采在德国的传承：1890—1990》), pp. 34-35。

40 同上书，p. 135。

41 STERN J. P., *A Study of Nietzsche*, Cambridge University Press, 1979 (《尼采研究》), p. 158。关于进一步批评的列表，参见FURNESS Raymond, *Zarathustra's Children: A Study of a Lost Generation of German Writers*, Camden House, 2000 (《查拉图斯特拉的孩子们：德国作家迷茫的一代研究》), pp. 4-5。

第5章　拿着锤子的哲学家

1 GILMAN Sander L., ed., *Conversations with Nietzsche: A Life in the Words of His Contemporaries*, Oxford University Press, 1991 (《与尼采对话：由同时代人讲述的生平》), p. 183。

2 同上书，p. 168。

3 同上书，p. 195。

4 同上书，p. 168。

5 同上书，p. 163。

6 同上书，p. 165。

7 BROBJER Thomas, *Nietzsche's Philosophical Context: An Intellectual Biography*, University of

Illinois, 2008（《尼采的哲学语境：一份智识传记》），pp. 90-104。

8 参见 RAUSCHENBERG Walther, 'Aus der letzten Lebenszeit Philipp Mainländers. Nach ungedruckten Briefen und Aufzeichnungen des Philosophen', *Süddeutsche Monatshefte*, 9 (1911-12), pp. 117-131（《南德月刊》之"菲利普·梅因兰德生命中的最后一段时间：未出版信件与哲学笔记"）。尼采提到过梅因兰德（《快》-357），并错把他当成了犹太人。

9 BURROW J. W., *The Crisis of Reason: European Thought, 1848-1914*, Yale University Press, 2000（《理性的危机：1848—1914年的欧洲思想》），p. 61。

10 SMALL Robin, *Nietzsche in Context*, Routledge, 2001（《在背景中解读尼采》），p. 91。

11 引自 JANZ Curt Paul, *Friedrich Nietzsche: Biographie*, 3 vols, DTV Wissenschaft, 1978（《弗雷德里希·尼采：传记》），vol II, pp. 447-448。

12 GILMAN Sander L., ed., *Conversations with Nietzsche: A Life in the Words of His Contemporaries*, Oxford University Press, 1991（《与尼采对话：由同时代人讲述的生平》），p. 153。

13 参见《瓦》-1 以及尼采对熟人表达的热情，例如 GILMAN Sander L., ed., *Conversations with Nietzsche: A Life in the Words of His Contemporaries*, Oxford University Press, 1991（《与尼采对话：由同时代人讲述的生平》），pp. 131, 150；但他告诉作曲家卡尔·富克斯（Carl Fuchs），说他之所以赞美比才，只是因为他能与瓦格纳对抗（1888年12月27日），此外，尽管比才提供了一个令人期待的喘息机会，但尼采似乎不太可能真的认为比才是瓦格纳的对手。

14 参见 MACINTYRE Ben, *Forgotten Fatherland: The Search for Elisabeth Nietzsche*, Perennial, 1992（《被遗忘的祖国：寻找伊丽莎白·尼采》）。

15 GILMAN Sander L., ed., *Conversations with Nietzsche: A Life in the Words of His Contemporaries*, Oxford University Press, 1991（《与尼采对话：由同时代人讲述的生平》），p. 148。

16 如果想要以生动且富有同情心的方式来了解尼采这一生活阶段，参见 CHAMBERLAIN Lesley, *Nietzsche in Turin: The End of the Future*, Quartet Books, 1996（《尼采在都灵：未来的终结》）。

17 JANZ Curt Paul, *Friedrich Nietzsche: Biographie*, 3 vols, DTV Wissenschaft, 1978（《弗雷德里希·尼采：传记》），第3卷第30页。关于尼采崩溃时间，见同上，p. 34。

18 GILMAN Sander L., ed., *Conversations with Nietzsche: A Life in the Words of His Contemporaries*, Oxford University Press, 1991（《与尼采对话：由同时代人讲述的生平》），pp. 237-238。

19 参见 LEITER Brian, 'The Paradox of Fatalism and Self-Creation in Nietzsche', in *Willing and Nothingness: Schopenhauer as Nietzsche's Educator*, ed. Christopher JANAWAY, Oxford University Press, 1998, pp. 217-257（《意志与虚无：作为尼采教育者的叔本华》之"尼采思想中的宿命论与自我创造悖论"）。

20 LICHTENBERG Georg Christoph, *Schriften und Briefe*, ed. Wolfgang PROMIES, 4 vols, Carl Hanser Verlag, 1967-72（《奥尔格·克里斯托夫·利希滕贝格作品与书信集》），vol II, p. 412。

21 类似的概念，1739年，休谟将自我定义为"只不过是不同印象的捆绑或集合，它们以难以想象的速度相互延续，并处于永恒流变和运动之中"，引用自《人性论》，第165页（第1卷，第4节，第6段）。关于休谟与尼采的比较，参见 KAIL Peter E. J., 'Hume and Nietzsche', in *The Oxford Handbook of Hume*, ed. Paul RUSSELL, Oxford University Press, 2016, pp. 755-79（《牛津休谟手册》之"休谟与尼采"）。根据朱利安·巴吉尼（Julian

Baggini）的说法，休谟的观点如今在学术界哲学家、心理学家和神经科学家中最为流行，而且得到了我们对脑电路知识的支持，此外，亚洲各派伟大哲学也认为自我是虚幻的：朱利安·巴吉尼（著），赖丹丹（译）《世界是如何思考的》，民主与建设出版社，2022，Granta Books 出版社，2018，pp. 186-187，175-184。

22 参见 BLAKE William, *'One Law for the Lion and Ox Is Oppression'*, in *Complete Writings*, ed. Geoffrey KEYNES, Oxford University Press, 1972（《狮子与公牛的一条法则是压迫》），p. 158。

23 JANAWAY Christopher, *Beyond Selflessness: Reading Nietzsche's 'Genealogy'*, Oxford University Press, 2007（《超越无私：解读尼采的"谱系"》），p. 114。

24 参见《偶》-漫游-49，在这一段中，尼采赞扬歌德那"快乐和信任的宿命论"（例如，可参见歌德诗歌《航海》的结尾）。

25 参见："所有的事物都遵循神性的必然，个性不羁的人认为这一点最为重要"；斯宾诺莎（著），贺麟（译）《伦理学》，商务印书馆，1998，企鹅出版社，1996，p.154（第4卷，p.73）。

26 这句话也出现在《查拉图斯特拉如是说》第4章第9节，是查拉图斯特拉的影子说的，它觉得这种洞见令人痛苦，还因无法为之而感到欢欣鼓舞。

27 德里达，摘自 CLARK Maudemarie, *Nietzsche on Truth and Philosophy*, Cambridge University Press, 1990（《尼采论真理和哲学》），p. 18。

28 尼采这个想法源自他在巴塞尔时的同事古斯塔夫·泰希穆勒（Gustav Teichmüller）的《真实的与表象的世界》（*Die wirkliche und die scheinbare Welt*, 1882），书中说，所有的知识，除了关于自我的以外，全都只是一种符号语言；甚至连我们有关自己感觉和思想的知识也是以符号方式构建的，也就是说，它们只是一种诠释说法。参见 SMALL Robin, *Nietzsche in Context*, Routledge, 2001（《在背景中解读尼采》），p. 44。泰希穆勒写道："这个世界，它出现在人们眼前的样子，随时随地都是按照立场排列的，无论是显微镜还是望远镜，全都无法向我们展示我们所认为的真实的事物秩序。……它要求人们认识到立场表象的原因。"摘自 BROBJER Thomas, *Nietzsche's Philosophical Context: An Intellectual Biography*, University of Illinois Press, 2008（《尼采的哲学语境：一份智识传记》），p. 97。尼采超越了泰希穆勒，他甚至否认了稳定自我的存在。

29 SCHACHT Richard, *Nietzsche*, Routledge, 1983（《尼采》），第8—10页。

30 亚历山大·内哈马斯（著），郝苑（译）《尼采：生命之为文学》，浙江大学出版社，2016；哈佛大学出版社，p. 66。

31 尼采关于"看"的比喻可以进一步发展：由于我们有两只眼睛，所以我们已经有了两个视角，每个视角都会纠正另一个视角。进一步解释：如果我想了解任何事情，那我就必须收集一些立场——例如，如果我想写一篇文章，谈谈最近的英国政治，那我就会查阅所有政党发言人、脱欧派和留欧派的看法，还要查阅许多政治评论家以及大量公众的说法。然后，我的讲述就是由所有这些立场构成的。参见 HIRSCH E. D., *'Faulty Perspectives'*, in *The Aims of Interpretation*, University of Chicago Press, 1976（《诠释的目的》之"有误的立场"），pp.36-49。

32 CLARK Maudemarie, *Nietzsche on Truth and Philosophy*, Cambridge University Press, 1990（《尼采论真理和哲学》），p. 143。

33 例如沃尔特·查尔顿（Walter Charleton）的《激情的自然史》（*Natural History of the Passions*, 1674）；拉美特利（La Mettrie）的《灵魂的自然史》（*Histoire naturelle de l'âme*, 1746）；休谟的《宗教的自然史》（*Natural History of Religion*, 1757）；W.E.H.莱基（Lecky）

的《欧洲道德观念的自然史》(*History of European Morals*, 1869) 第一章"道德观念的自然史"。

34 参见 EMDEN Christian J., *Friedrich Nietzsche and the Politics of History*, Cambridge University Press, 2008 (《弗里德里希·尼采与历史政治学》)。

35 SENECA, 'De clementia/On mercy', in *Moral Essays*, trans. John W. BASORE, 3 vols, University of Harvard Press, 1970, vol. I, pp. 441, 443 (塞内卡《论道德》之"论怜悯")。参见 NUSSBAUM Martha C., 'Pity and Mercy: Nietzsche's Stoicism', in Nietzsche, *Genealogy, Morality: Essays on Nietzsche's 'On the Genealogy of Morals'*, SCHACHT Richard, ed., University of California Press, 1994, pp. 139-67 (《尼采、谱系、道德:尼采〈道德的谱系〉论文集》之"可怜与怜悯:尼采的斯多亚派思想")。参见尼采对拉罗什富科的看法,上文第三章。

36 Grundlegung der Metaphysik der Sitten, in KANT Immanuel, *Werke*, ed. Wilhelm WEISCHEDEL, 6 vols, Insel, 1956-64, vol. IV (康德《道德形而上学基础》), p. 24。

37 例如 GEUSS Raymond, 'Nietzsche and Genealogy', in *Morality, Culture, and History: Essays on German Philosophy*, Cambridge University Press, 1999, pp. 1-28 (《道德、文化、历史:德国哲学论文集》之"尼采与谱系"); EMDEN Christian J., *Friedrich Nietzsche and the Politics of History*, Cambridge University Press, 2008 (《弗里德里希·尼采与历史政治学》), 第230—232页。这些评论家往往受到米歇尔·福柯《尼采、谱系、历史》(1971) 的影响;参见 FOUCAULT Michel, 'Nietzsche, Genealogy, History', in *The Foucault Reader*, ed. Paul RABINOW, Pantheon, 1986, pp. 76-100 (《福柯读本》之"尼采、谱系、历史");关于批评文章,参见 HOLUB Robert C., 'Reading Nietzsche as Postmodernist: Rhetoric, Genealogy, Perspectivism in Ahistorical Context', in *Why Literature Matters: Theories and Functions of Literature*, ed. Rüdiger AHRENS and Laurenz VOLKMANN, Winter Heidelberg, 1996, pp. 247-263 (《文学为什么重要:文学理论与功能》之"将尼采视为后现代主义者:非历史背景下的修辞、谱系、观点主义")。

38 参见1885—1886年笔记中的段落,尼采列出了"道德史学家 (Moral-Historiker) 的常见错误",KSA-12-145[01]。

39 关于尼采在这一领域的阅读清单,参见 JENSEN Anthony K., *Nietzsche's Philosophy of History*, Cambridge University Press, 2013 (《尼采的历史哲学》), p. 159。目前还未有对其进行的全面研究。

40 JANAWAY Christopher, *Beyond Selflessness: Reading Nietzsche's 'Genealogy'*, Oxford University Press, 2007 (《超越无私:解读尼采的"谱系"》), p. 12。

41 1888年5月31日致科塞利茨的信中也是如此。

42 参见 BURROW J. W., *The Crisis of Reason: European Thought, 1848-1914*, Yale University Press, 2000 (《理性的危机:1848—1914年的欧洲思想》), pp. 106-107; BASHAM A. L., *The Wonder that Was India*, 3rd edn, Sidgwick & Jackson, 1967 (《神奇的印度》), pp. 29-32。

43 《道德的谱系》的近期评注家(例如加纳维的《超越无私》)避开了这个段落,这种做法是可以理解的,因为这一段非常令人不安,会让人想起阿蒂尔·德·戈比诺(Arthur de Gobineau, 1816—1882)的种族幻想理论及其后对纳粹意识形态的影响。然而,尼采对

---

01 即尼采遗稿1885—1886年第2组第163节。——译者注

戈比诺知之甚少;他只会偶然谈及"种族"话题,更多的是在关注道德和文化;他对欧洲种族未来的那些特立独行的思考(见下文)与戈比诺对白人种族衰落的哀叹截然不同:参见马丁《培育希腊人:尼采、戈宾诺和古典种族理论》,出自彼肖普(主编),田立年(译)《尼采与古代:尼采对古典传统的反应和回答》,华东师范大学出版社,2010, pp. 47-64; DROCHON Hugo, *Nietzsche's Great Politics*, Princeton University Press, 2016(《尼采的大政治》),第85页。他只是在宽泛地使用"种族"一词:"拉丁人种"(《善》-48);"勤劳人种"(《善》-189)。他认为自己的种族观念与"关于'雅利安人'的粗俗唠叨"截然不同(KSA-11-50)。

44 参见 DROCHON Hugo, *Nietzsche's Great Politics*, Princeton University Press, 2016(《尼采的大政治》), pp. 55-56;参见休谟《论原始契约》(*Of the Original Contract*, 1747):"几乎所有现存政府或有故事流传的任何政府,最初都是建立在篡夺或征服基础上的,或同时建立在两者之上,从来不会假装民众公开同意或自愿臣服。"

45 最优秀的几位尼采研究专家都认为"金发野兽"只表示狮子,参见 KAUFMANN Walter, *Nietzsche: Philosopher, Psychologist, Antichrist*, 4th edn, Princeton University Press, 1974(《尼采:哲学家、心理学家、敌基督者》), p. 225; 马丁《培育希腊人:尼采、戈宾诺和古典种族理论》,出自彼肖普(主编),田立年(译)《尼采与古代:尼采对古典传统的反应和回答》,华东师范大学出版社,2010, pp. 47-64。尽管如此,这个形象仍能让人立刻想到当代有关浅色毛发雅利安人的那些想法,不过,尼采把这个概念延伸至其他掠夺型种族(阿拉伯人、日本人):参见 MOORE Gregory, *Nietzsche, Biology and Metaphor*, Cambridge University Press, 2002(《尼采、生物和隐喻》), p. 157; DROCHON Hugo, *Nietzsche's Great Politics*, Princeton University Press, 2016(《尼采的大政治》), p. 84。

46 尼采在欧根·杜林(Eugen Dühring)的《生命的价值》(*Der Werth des Lebens*, 1865)中读到了"愤恨"这个词,1875年时他做了大量笔记:参见 KSA-8-131 至 181(第176页); VENTURELLI Aldo, 'Asketismus und Wille zur Macht. Nietzsches Auseinandersetzung mit Eugen Dühring', *Nietzsche-Studien*, 15 (1986), pp. 107-139 (pp. 131-132)(《尼采研究》之"禁欲主义与权力意志:尼采与欧根·杜林之间的碰撞")。

47 尼采从理性主义历史学家莱基那里摘录了这段话:参见 LECKY W.E.H., *The Rise and Influence of Rationalism in Europe*, 2 vols, new edn, Longmans, Green & Co., 1897(《欧洲理性主义的兴起与影响》), vol. I, pp. 324-325;参见 DELUMEAU Jean, *Le Péché et la peur: La culpabilisation en Occident, xiiie-xviiie siècles*, Fayard, 1983(《罪过与恐惧:十三至十八世纪的西方罪责》), pp. 457-458。

48 参见 EVANS Richard J., *Rituals of Retribution: Capital Punishment in Germany, 1600-1987*, Oxford University Press, 1996(《惩戒仪式:1600—1987年的德国极刑》), pp. 35-41。

49 司汤达在游记《罗马、那不勒斯和佛罗伦萨》(1854)中这样写道(摘自道格拉斯·史密斯《道德的谱系》译本注释, p. 152)。

50 参见1869年9月28日尼采致卡尔·冯·格斯多夫的信中对素食主义的攻击。

51 JANAWAY Christopher, *Beyond Selflessness: Reading Nietzsche's 'Genealogy'*, Oxford University Press, 2007(《超越无私:解读尼采的"谱系"》), p. 211。

52 所以,尼采的计划与他的朋友雅各布·布克哈特的《意大利文艺复兴时期的文化》(1860)以及约翰·赫伊津哈(Johan Huizinga)的《中世纪的秋天》(*Herfsttij der Middeleeuwen*, 1919)等关于文化史的经典作品有共同之处。

53 《论非道德含义的真理与谎言》开篇部分,KSA-1-875。

54 当代心理学理论认为,罪犯是堕落的,但尼采则把这一理论翻了过来:参见MOORE Gregory, *Nietzsche, Biology and Metaphor*, Cambridge University Press, 2002 (《尼采、生物和隐喻》), p. 171。

55 启蒙运动抨击"祭司权术",即渴望权力的祭司对宗教的篡改和利用,尼采在继续这种攻击。参见ROBERTSON Ritchie, *The Enlightenment: The Pursuit of Happiness, 1680-1790*, Harper, 2020 (《启蒙主义:1680至1790年对幸福的追求》), p. 222。威尔豪森认为,祭司型的犹太教离自然越来越远。关于尼采对威尔豪森的引用,参见SOMMER Andreas Urs, *Friedrich Nietzsches 'Der Antichrist': Ein philosophisch-historischer Kommentar*, de Gruyter, 2000 (《尼采的〈敌基督者〉:一本哲学历史评注》), p. 244。

56 参见欧内斯特·勒南(著),梁工(译)《耶稣的一生》,商务印书馆,2011:"天主在他心中;他感到天主与他自己同在。"(Michel Lévy frères出版社,1870, p. 40)。尼采也许是为了掩盖自己的引用,所以严重曲解了勒南的书(《敌》-29)。

57 参考陀思妥耶夫斯基对癫痫发作前人狂喜情绪的描述。*The Idiot*, trans. Constance GARNETT, Heinemann, 1946 (陀思妥耶夫斯基《白痴》), pp. 219-220。

58 关于该句在尼采晚期著作中的出现情况,请参见JANAWAY Christopher, *Beyond Selflessness: Reading Nietzsche's 'Genealogy'*, Oxford University Press, 2007 (《超越无私:解读尼采的"谱系"》), p. 13n。

59 比较《敌》-57和KSA-8-386。

60 DROCHON Hugo, *Nietzsche's Great Politics*, Princeton University Press, 2016 (《尼采的大政治》), p. 99。

61 参见HOLUB Robert C., *Nietzsche in the Nineteenth Century: Social Questions and Philosophical Interventions*, University of Pennsylvania Press, 2018 (《尼采在19世纪:社会问题与哲学干预》), pp. 427-453;霍勒布还对尼采晚期笔记中关于如何规范婚姻和生育的许多思考的情况进行了调查。

62 参见PAUL Diane, 'Eugenics and the Left', *Journal of the History of Ideas*, XLV (1984), pp. 567-590 (《思想史期刊》之"优生学与左派")。

63 STONE Dan, *Breeding Superman: Nietzsche, Race and Eugenics in Edwardian and Interwar Britain*,

Liverpool University Press, 2002（《培育超人：爱德华时期及英国战争间期的尼采、种族、优生学》）。

64 RICHARDSON John, *Nietzsche's New Darwinism*, Oxford University Press, 2004（《尼采的新达尔文主义》），p. 192。

65 "异变者"听起来很中性，但尼采原本的用词die Abartenden更加极端，意思是那些堕落并偏离贵族标准的人。

66 ASCHLEIM Steven E., *The Nietzsche Legacy in Germany, 1890-1990*, University of California Press, 1992（《尼采在德国的传承：1890—1990》），pp. 232-352; WHYTE Max, '*The Uses and Abuses of Nietzsche in the Third Reich: Alfred Baeumler's "Heroic Realism"*', Journal of Contemporary History, XLII (2008), pp. 171-94（《当代史期刊》之"第三帝国对尼采思想的使用与滥用：阿尔弗雷德·鲍姆勒的'英雄现实主义'"）。GOLOMB Jacob, and WISTRICH Robert S., eds, *Nietzsche: Godfather of Fascism?*, Princeton University Press, 2002 （《尼采：法西斯教父？》）中收集了许多论文，但缺乏历史研究（正如一位撰稿人所指出的，第123页）。

67 RUSSELL Bertrand, '*The Free Man's Worship*', in *Philosophical Essays*, Longmans, Green, and Company, 1910, pp. 60-61（罗素《一个自由人的崇拜》）。

68 '*Large Red Man Reading*', in Wallace STEVENS, *Collected Poems*, Faber & Faber, 1955, p. 423 （华莱士·史蒂文斯《正在阅读的大号红色男人》）。

69 参见BLAKE William, '*The Marriage of Heaven and Hell*', Plate 4, in *Complete Writings*, ed. Geoffrey KEYNES, Oxford University Press, 1972, p. 149（《威廉·布莱克"天堂与地域的婚姻"》）。关于歌德，尤其应参见地灵的话语："出生和坟墓/一条永恒的波浪/转动，反转/一条生命永远在燃烧"，引自GOETHE, *Faust Part One*, trans. David LUKE, Oxford University, 1987 （歌德《浮士德第一卷》），p. 19。

70 ROBERTSON Ritchie, *The Enlightenment: The Pursuit of Happiness, 1680-1790*, Harper, 2020（《启蒙主义：1680至1790年对幸福的追求》），pp. 261-350; PINKER Steven, *The Better Angels of Our Nature: The Decline of Violence in History and Its Causes*, Penguin Books, 2011（《我们本性中较为善良的那位天使：历史上暴力的衰减及其原因》）。

参考书目

(仅列出英文著作)

1. ABBEY Ruth, *Nietzsche's Middle Period*, Oxford University Press, 2000。(《中期的尼采》)

2. ALLISON David R., ed., *The New Nietzsche: Contemporary Styles of Interpretation*, The MIT Press, 1985。(《新尼采:当代的多种诠释方式》)

3. ANSELL-PEARSON Keith, *An Introduction to Nietzsche as Political Thinker*, Cambridge University Press, 1994。(《作为政治思想家的尼采导读》)

4. ANSELL-PEARSON Keith, ed., *Nietzsche and Modern German Thought*, Routledge, 2002。(《尼采与现代德国思想》)

5. ASCHHEIM Steven E., *The Nietzsche Legacy in Germany, 1890-1990*, University of California Press, 1992。(《尼采在德国的传承:1890—1990》)

6. BERGMANN Peter, *Nietzsche: 'The Last Antipolitical German'*, Indiana University Press, 1987。(《尼采:"最后一个反政治的德国人"》)

7. BERKOWITZ Peter, *Nietzsche: The Ethics of an Immoralist*, Harvard University Press, 1995。(《尼采:不道德者的伦理学》)

8. BISHOP Paul, *The Dionysian Self: C. G. Jung's Reception of Friedrich Nietzsche*, de Gruyter, 1995。(《狄俄尼索斯式的自我:卡尔·荣格对弗里德里希·尼采的接受情况》)

9. BISHOP Paul, *A Companion to Friedrich Nietzsche: Life and Works*, Camden House, 2012。(《弗里德里希·尼采导读:生平与著作》)

10. 彼肖普(主编),田立年(译)《尼采与古代:尼采对古典传统的反应和回答》,华东师范大学出版社,2010。

11. BORCHMEYER Dieter, 'Wagner and Nietzsche', in *Wagner Handbook*, ed. Ulrich MULLER and Peter WAPNEWSKI, Harvard University Press, 1992, pp. 327-42。(《瓦格纳手册》之"瓦格纳与尼采")

12. BRIDGWATER Patrick, *Nietzsche in Anglosaxony*, Leicester University Press, 1972。(《尼采在英美国家》)

13. BROBJER Thomas, *Nietzsche's Philosophical Context: An Intellectual Biography*, University of Illinois, 2008。(《尼采的哲学语境:一份智识传记》)

14. BRUNKHORST Katja, *'Verwandt-Verwandelt': Nietzsche's Presence in Rilke*, Iudicium Verlag, 2006。(《"被使用-被改变":里尔克作品中的尼采》)

15. CATE Curtis, *Friedrich Nietzsche*, Abrams Press, 2002。(《弗里德里希·尼采》)

16. CHAMBERLAIN Lesley, *Nietzsche in Turin: The End of the Future*, Quartet Books, 1996。(《尼采在都灵:未来的终结》)

17. CLARK Maudemarie, *Nietzsche on Truth and Philosophy*, Cambridge University Press, 1990。(《尼采论真理和哲学》)

18. 雅克·德里达(著),成家桢(译)《马刺:尼采的风格》,华东师范大学出版社,2018。

19. DETWILER Bruce, *Nietzsche and the Politics of Aristocratic Radicalism*, University of

Chicago Press, 1990。(《尼采与贵族激进主义政治》)

20 DIETHE Carol, *Nietzsche's Women: Beyond the Whip*, De Gruyter, 1996。(《尼采的女人们：鞭子之外》)

21 DONNELLAN Brendan, *Nietzsche and the French Moralists*, Bouvier, 1982。(《尼采与法国道德派作家》)

22 DRIES Manuel, ed., *Nietzsche on Time and History*, De Gruyter, 2008。(《尼采论时间与历史》)

23 DROCHON Hugo, *Nietzsche's Great Politics*, Princeton University Press, 2016。(《尼采的大政治》)

24 EMDEN Christian J., *Friedrich Nietzsche and the Politics of History*, Cambridge University Press, 2008。(《弗里德里希·尼采与历史政治学》)

25 EMDEN Christian J., *Nietzsche on Language, Consciousness and the Body*, University of Illinois Press, 2005。(《尼采论语言、意识和肉体》)

26 EMDEN Christian J., *Nietzsche's Naturalism: Philosophy and the Life Sciences in the Nineteenth Century*, Cambridge University Press, 2014。(《尼采的自然主义：19世纪的哲学与生命科学》)

27 FOUCAULT Michel, '*Nietzsche, Genealogy, History*', in *The Foucault Reader*, ed. Paul RABINOW, Pantheon, 1986, pp. 76-100。(《福柯读本》之"尼采、谱系、历史")

28 FURNESS Raymond, *Zarathustra's Children: A Study of a Lost Generation of German Writers*, Camden House, 2000。(《查拉图斯特拉的孩子们：德国作家迷茫的一代研究》)

29 GEMES Ken and RICHARDSON John, eds, *The Oxford Handbook of Nietzsche*, Oxford University Press, 2013。(《牛津尼采手册》)

30 GEUSS Raymond, '*Nietzsche and Genealogy*', in *Morality, Culture, and History: Essays on German Philosophy*, Cambridge University Press, 1999, pp. 1-28。(《道德、文化、历史：德国哲学论文集》之"尼采与谱系")

31 GILMAN Sander L., ed., *Conversations with Nietzsche: A Life in the Words of His Contemporaries*, Oxford University Press, 1991。(《与尼采对话：由同时代人讲述的生平》)

32 GILMAN Sander L., BLAIR Carole and PARENT David J., ed. and trans., *Friedrich Nietzsche on Rhetoric and Language*, Oxford University Press, 1989。(《弗里德里希·尼采论修辞和语言》)

33 GOLOMB Jacob, ed., *Nietzsche and Jewish Culture*, Routledge, 1997。(《尼采与犹太文化》)

34 GOLOMB Jacob, and WISTRICH Robert S., eds, *Nietzsche: Godfather of Fascism?*, Princeton University Press, 2002。(《尼采：法西斯教父？》)

35 HAYMAN Ronald, *Nietzsche: A Critical Life*, Penguin Books, 1980。(《尼采：一本批判型传记》)

36 HOLLINRAKE Roger, *Nietzsche, Wagner and the Philosophy of Pessimism*, Routledge, 2015。(《尼采、瓦格纳及悲观主义哲学》)

37. HOLUB Robert C., 'Reading Nietzsche as Postmodernist: Rhetoric, Genealogy, Perspectivism in Ahistorical Context', in *Why Literature Matters: Theories and Functions of Literature*, ed. Rüdiger AHRENS and Laurenz VOLKMANN, Winter Heidelberg, 1996, pp. 247-63。(《文学为什么重要：文学理论与功能》之"将尼采视为后现代主义者：非历史背景下的修辞、谱系、观点主义")

38. HOLUB Robert C., *Nietzsche in the Nineteenth Century: Social Questions and Philosophical Interventions*, University of Pennsylvania Press, 2018。(《尼采在19世纪：社会问题与哲学干预》)

39. JANAWAY Christopher, *Beyond Selflessness: Reading Nietzsche's 'Genealogy'*, Oxford University Press, 2007。(《超越无私：解读尼采的"谱系"》)

40. JANAWAY Christopher, ed., *Willing and Nothingness: Schopenhauer as Nietzsche's Educator*, Oxford University Press, 1998。(《意志与虚无：作为尼采教育者的叔本华》)

41. JENSEN Anthony K., *Nietzsche's Philosophy of History*, Cambridge University Press, 2013。(《尼采的历史哲学》)

42. KAIL Peter E. J., 'Hume and Nietzsche', in *The Oxford Handbook of Hume*, ed. Paul Russell, Oxford University Press, 2016, pp. 755-79。(《牛津休谟手册》之"休谟与尼采")

43. KAUFMANN Walter, *Nietzsche: Philosopher, Psychologist, Antichrist*, 4th edn, Princeton University Press, 1974。(《尼采：哲学家、心理学家、敌基督者》)

44. 朗佩特（著），李致远，李小均（译）《尼采的使命：〈善恶的彼岸〉绎读》，华夏出版社，2009。

45. 朗佩特（著），娄林（译）《尼采的教诲：〈扎拉图斯特拉如是说〉解释一种》，华东师范大学出版社，2013。

46. LEITER Brian, *Nietzsche and Morality*, Oxford University Press, 2007。(《尼采与道德》)

47. LOWITH Karl, *Nietzsche's Philosophy of the Eternal Recurrence of the Same*, trans. J. Harvey LOMAX, University of California Press, 1997。(《尼采的永远回归哲学》)

48. MACINTYRE Ben, *Forgotten Fatherland: The Search for Elisabeth Nietzsche*, Perennial, 1992。(《被遗忘的祖国：寻找伊丽莎白·尼采》)

49. MARTIN Nicholas, '"Aufklärung und kein Ende": The Place of Enlightenment in Friedrich Nietzsche's Thought', *German Life and Letters*, 61 (2008), pp. 79-97。(《德国生活与文字》之"'启蒙运动与永无止境'：启蒙运动在弗雷德里希·尼采思想中的地位")

50. MARTIN Nicholas, 'Fighting a Philosophy: The Figure of Nietzsche in British Propaganda of the First World War', *Modern Language Review*, 98 (2003), pp. 367-80。(《现代语言评论》之"与一种哲学作斗争：尼采在第一次世界大战期间英国政府宣传中的形象")

51. MARTIN Nicholas, ed., *Nietzsche and the German Tradition*, Peter Lang Publishing, 2003。(《尼采与德国传统》)

52. MAY Keith M., *Nietzsche and Modern Literature: Themes in Yeats, Rilke, Mann and Lawrence*, Palgrave Macmillan, 1988。(《尼采与现代文学：叶芝、里尔克、曼、劳

伦斯中的主题》)

53. MAY Simon, *Nietzsche's Ethics and His War on 'Morality'*, Oxford University Press, 1999。(《尼采的伦理学以及他与"道德"之间的战争》)

54. MAY Simon, ed., *Nietzsche's 'On the Genealogy of Morality': A Critical Guide*, Oxford University Press, 2011。(《尼采的〈道德的谱系〉：一份批判型导读》)

55. MONTINARI Mazzino, *Reading Nietzsche*, trans. Greg WHITTOCK, University of Illinois Press, 2003。(《阅读尼采》)

56. MOORE Gregory, *Nietzsche, Biology and Metaphor*, Cambridge University Press, 2002。(《尼采、生物和隐喻》)

57. 亚历山大·内哈马斯（著），郝苑（译）《尼采：生命之为文学》，浙江大学出版社，2016。

58. NICHOLLS R. A., *Nietzsche in the Early Works of Thomas Mann*, University of California Press, 1955。(《托马斯·曼早期作品中的尼采》)

59. O'FLAHERTY James C., SELLNER Timothy F. and HELM Robert M., eds, *Studies in Nietzsche and the Classical Tradition*, The University of North Carolina Press, 1976。(《尼采与古典传统研究》)

60. O'FLAHERTY James C., eds, *Studies in Nietzsche and the Judaeo-Christian Tradition*, The University of North Carolina Press, 1985。(《尼采与犹太基督教传统研究》)

61. PARKES Graham, ed., *Nietzsche and Asian Thought*, University of Chicago Press, 1991。(《尼采与亚洲思想》)

62. PASLEY Malcolm, ed., *Nietzsche: Imagery and Thought*, Routledge, 1978。(《尼采：意象与思想》)

63. POELLNER Peter, *Nietzsche and Metaphysics*, Clarendon Press, 1995。(《尼采与形而上学》)

64. 苏·普里多（著），刘翔（译）《我是炸药！尼采的一生》，南京大学出版社，2023。

65. 伯纳德·雷金斯特（著），汪希达，施玉刚，杨一杰（译）《肯定生命：尼采论克服虚无主义》，华东师范大学出版社，2020。

66. RICHARDSON John, *Nietzsche's New Darwinism*, Oxford University Press, 2004。(《尼采的新达尔文主义》)

67. RUEHL Martin A., 'Ruthless Renaissance: Burckhardt, Nietzsche, and the Violent Birth of the Modern Self', in *The Italian Renaissance in the German Historical Imagination*, Cambridge University Press, 2015), pp. 58-104。(《德国历史想象中的意大利文艺复兴》之"无情的文艺复兴：布克哈特、尼采以及现代自我的暴力诞生")

68. SCHACHT Richard, *Nietzsche*, Routledge, 1983。(《尼采》)

69. SCHACHT Richard, ed., *Nietzsche, Genealogy, Morality: Essays on Nietzsche's 'On the Genealogy of Morals'*, University of California Press, 1994。(《尼采、谱系、道德：尼

采〈道德的谱系〉论文集》)

70 SEDGWICK Peter R., ed., *Nietzsche: A Critical Reader*, Blackwell, 1995。(《尼采:批判型读本》)

71 SIEMENS Herman, and PEARSON James, eds, *Conflict and Contest in Nietzsche's Philosophy*, Bloomsbury Academic, 2019。(《尼采哲学中的矛盾与争议》)

72 SILK M. S., and J. P. Stern, *Nietzsche on Tragedy*, Cambridge University Press, 1981。(《尼采论悲剧》)

73 SMALL Robin, *Nietzsche in Context*, Routledge, 2001。(《在背景中解读尼采》)

74 SMALL Robin, *Nietzsche and Rée: A Star Friendship*, Oxford University Press, 2005。(《尼采与雷:明星友谊》)

75 SMITH Douglas, *Transvaluations: Nietzsche in France, 1872-1972*, Oxford University Press, 1996。(《价值重估:尼采在法国,从1872年到1972年》)

76 SOKEL Walter H., 'Nietzsche and Kafka: The Dionysian Connection', in *Kafka for the Twenty-First Century*, ed. Stanley CORNGOLD and Ruth V. GROSS, Camden House, 2011, pp. 64-74。(《卡夫卡之于21世纪》之"尼采与卡夫卡:狄俄尼索斯式的关联")

77 STACK George J., *Lange and Nietzsche*, De Gruyter, 1983。(《朗格与尼采》)

78 STACK George J., *Nietzsche and Emerson: An Elective Affinity*, Ohio University Press, 1992。(《尼采与爱默生:有选择的相似》)

79 STERN J. P., *A Study of Nietzsche*, Cambridge University Press, 1979。(《尼采研究》)

80 STERN Tom, ed., *The New Cambridge Companion to Nietzsche*, Cambridge University Press, 2019。(《新剑桥尼采指南》)

81 STONE Dan, *Breeding Superman: Nietzsche, Race and Eugenics in Edwardian and Interwar Britain*, Liverpool University Press, 2002。(《培育超人:爱德华时期及英国战间期的尼采、种族、优生学》)

82 迈克尔·坦纳(著),于洋(译)《牛津通识读本:尼采》,译林出版社,2011。

83 THATCHER David S., 'Nietzsche's Debt to Lubbock', *Journal of the History of Ideas*, XLIV (1983), pp. 293-309。(《思想史期刊》之"尼采对卢伯克的借用")

84 THATCHER David S., *Nietzsche in England, 1890-1914: The Growth of a Reputation*, University of Toronto Press, 1970。(《尼采在英格兰:1890—1914,声望渐增》)

85 WILLIAMS W. D., *Nietzsche and the French*, Basil Blackwell, 1952。(《尼采与法国文化》)

86 理查德·沃林(著),阎纪宇(译)《非理性的诱惑:从尼采到后现代知识分子》,上海社会科学院出版社,2017。

87 ZIOLKOWSKI Theodore, 'Zarathustra's Reincarnations: Literary Responses to Nietzsche's Work', *Modern Language Review*, CVII (2012), pp. 211-29。(《现代语言评论》之"查拉图斯特拉的转世:对尼采作品的文学回应")

致谢

我由衷感谢马顿·多恩巴赫 (Marton Dornbach)、珍妮弗·戈塞特-费伦西 (Jennifer Gosett-Ferencei) 和尼古拉斯·马丁 (Nicholas Martin) 阅读并评论整部手稿。

图片出处

作者和出版商希望对以下配图出处或复制许可表示感谢。同时简明列出某些艺术品的馆藏地点：

Agencja Fotograficzna Caro/Alamy Stock Photo，"席尔瓦普拉纳湖边的岩石"；摘自BERNOULLI Carl Albrecht, *Franz Overbeck und Friedrich Nietzsche: Eine Freundschaft*（《弗朗茨·奥弗贝与弗里德里希·尼采：一段友谊》），vol. i, E. Diederichs, 1908，摄影者Robarts Library, University of Toronto，"弗朗茨·奥弗贝克"；ETH-Bibliothek Zürich' Bildarchiv，"巴塞尔明信片"与"雅各布·布克哈特"；Library of Congress, Prints and Photographs Division, Washington, DC，"眺望都灵"；Museen Luzern，"马尔维达·冯·梅森布克"；Photothek des Zentralinstituts für Kunstgeschichte, Munich，"瑙姆堡"；Süddeutsche Zeitung Photo/Alamy Stock Photo，"伊丽莎白·弗尔斯特－尼采"；Thielska Galleriet, Stockholm，摄影者Tord Lund，"爱德华·蒙克的两幅画像"；摄影者Torsade de Pointes，"奥尔塔圣山小堂"；Tufts University Digital Library, Medford, MA，"大卫·施特劳斯"。

"尼采半身像"图片版权持有人为Carl Novator；"尼采博物馆"图片版权持有人为Paebi；"波福尔塔的回廊"图片版权持有人为Physio1961。上述人等根据《CC BY-SA知识共享署名-相同方式共享4.0国际许可》所规定的条款在网上发布了这些照片。

读者可以免费进行以下活动：分享——以任何媒介或格式复制并重新分发材料；改编——重新混合、改造材料并以此为基础制作衍生品，可用于包括商业活动在内的任何目的。根据以下条款：署名——您必须给予原作者适当的署名，提供许可证链接，并说明是否进行了修改。上述行为过程中，您可以采用各种合理方式，但是在任何情况下都不能暗示许可权所有人支持您或您的使用行为；相同方式共享——若您重新混合、改造材料或以此为基础制作衍生品，则必须根据与原始材料相同的许可说明分发您的作品。

图书在版编目(CIP)数据

尼采传 / (英)里奇·罗伯逊著;狄佳译. -- 北京:中央编译出版社,2024.3

ISBN 978-7-5117-4489-0

Ⅰ.①尼… Ⅱ.①里…②狄… Ⅲ.①尼采(Nietzsche, Friedrich Wilhelm 1844–1900)-传记 Ⅳ.① B516.47

中国国家版本馆 CIP 数据核字(2023)第 157165 号

Friedrich Nietzsche by Ritchie Robertson was first published by Reaktion Books, London 2022, in the Critical Lives series. Copyright © Ritchie Robertson 2022
Rights arranged through CA-Link International LLC

图字号:01-2023-3446

尼采传

总策划	李 娟
责任编辑	郑永杰
特约编辑	李文彬
装帧设计	潘振宇
责任印制	李 颖
营销编辑	陶 琳
出版发行	中央编译出版社
网　　址	www.cctpcm.com
地　　址	北京市海淀区北四环西路 69 号(100080)
电　　话	(010)55627391(总编室)　(010)55627312(编辑室)
	(010)55627320(发行部)　(010)55627377(新技术部)
经　　销	全国新华书店
印　　刷	北京盛通印刷股份有限公司
开　　本	787 毫米 × 1092 毫米 1/32
字　　数	155 千字
印　　张	10.25
版　　次	2024 年 3 月第 1 版
印　　次	2024 年 3 月第 1 次印刷
定　　价	69.00 元

新浪微博:@中央编译出版社　　**微　信:**中央编译出版社(ID:cctphome)
淘宝店铺:中央编译出版社直销店(http://shop108367160.taobao.com)(010)55627331

本社常年法律顾问:北京市吴栾赵阎律师事务所律师　闫军　梁勤
凡有印装质量问题,本社负责调换,电话:(010)55627320

人啊,认识你自己!